LOCUS

LOCUS

LOCUS

LOCUS

# mark

這個系列標記的是一些人、一些事件與活動。

mark 79 一點小信仰（增訂彩圖新版）

*Have a Little Faith*

作者：米奇·艾爾邦（Mitch Albom）

譯者：張定綺

責任編輯：陳郁馨　美術編輯：何萍萍　校對：呂佳真

法律顧問：全理法律事務所董安丹律師

出版者：大塊文化出版股份有限公司 台北市105南京東路四段25號11樓

**www.locuspublishing.com　讀者服務專線：0800-006689**

TEL：(02) 87123898　FAX：(02) 87123897

郵撥帳號：18955675　戶名：大塊文化出版股份有限公司



總經銷：大和書報圖書股份有限公司　地址：新北市新莊區五工五路2號

TEL：(02) 89902588（代表號）　FAX：(02) 22901658

初版一刷：2009年10月 三版六刷：2017年1月

定價：新台幣 299元

ISBN 978-986-213-320-0　Printed in Taiwan

一點小信仰 / 米奇·艾爾邦（Mitch Albom）著；張定綺譯.

-- 三版. -- 臺北市：大塊文化, 2012.01 面； 公分. --（Mark；79）

譯自：Have a little faith : a true story

ISBN 978-986-213-320-0 (平裝)

1.猶太教　2.信仰

265　　100027449

# 一點小信仰
# Have a Little Faith

在最困難的時候，你能不能把自己放下，相信希望？

米奇．艾爾邦｜著　張定綺｜譯

## Spring 春



## SUMMER 夏

*WINTER*

# 冬

終於要獻上一本書給我父親，
艾拉．艾爾邦（Ira Albom），
他是我深信不疑的人。

# 最初……

最初有一問。

「幫我寫祭文好嗎？」

我不懂，我說。

「我的祭文？」老人再次說道：「在我死後。」他在鏡片後面眨了眨眼睛。他修剪得很整齊的鬍子已經花白，站著時稍微有點駝背。

你快死了嗎？我問。

「還沒呢。」他說，咧嘴一笑。

那，為什麼——

「因為我覺得你是理想人選。而且我想，到時候，你會知道該說些什麼。」

設想你認識的人當中最虔誠的人。你的法師、你的牧師、你的拉比、你的伊瑪目。接著設想他拍你的肩膀，要你代表他向這個世界告別。

我認識的最具啟發力的人，我心中的大法師——奧勃特．路易斯。

設想這個專門把人送上天堂的人，要你替他安排上天堂的餞別會。

「怎麼樣？」他道：「你做得來嗎？」

最初，又有一問。

「你願意救我嗎，耶穌？」

這個人捧著一把獵槍，躲在布魯克林一排連棟房屋前的垃圾桶後面。夜已深。他的妻子和襁褓中的女兒在哭泣。他盯著每一輛開上這條街的汽車，認定下一對車燈就是來取他性命的。

「你願意救我嗎，耶穌？」他顫抖著問：「如果我保證把自己交給你，今晚你願意救我嗎？」

設想你認識的人當中最虔誠的人。你的法師、你的牧師、你的拉比、你的伊瑪目。接著設想他一身骯髒，拿著槍，躲在一排垃圾桶後面請求救贖。

設想這個專門把人送上天堂的人，苦苦哀求不要送他下地獄。

「求求你，主啊。」他小聲道：「如果我保證……」

這本書講的是「相信」這件事；也要講兩個教了我如何相信的人物，而他們是兩個截然不同的人。寫這本書花了很長的時間。為了寫這書，我走進基督教教堂和猶太教教堂，行過郊區和市區，也接觸到那些在世界各地用信仰劃分「我們」與「他們」的人。

最後，我還回到家鄉，走進坐滿人的教堂，面對一口松木棺材和一處空蕩蕩的講壇。

最初有一問。

它變成最後的要求。

**「幫我寫祭文好嗎？」**

但，正如同大多數涉及信仰的例子，我以為別人需要我幫忙，實際受惠的卻是我自己。

# 春

# 現在是一九六五年……

……父親送我去星期六的晨間禮拜。

「你應該去。」他告訴我。

我才七歲，年紀還太小，不懂得提出一個顯而易見的問題：爲什麼我應該去而他不必去？我反而老老實實走進聖堂，沿著長長的走廊走到盡頭，轉個彎，進入兒童禮拜專用的小教堂。

我穿著白色的短袖襯衫和夾式領帶。我拉開木門。小教堂裡，學齡前小孩坐在地板上；三年級的男孩在打呵欠；身穿黑色棉質連身舞衣的六年級女孩，半躺在那兒講悄悄話。

我隨手拿了本祈禱書。後面的座位都有人，所以我在前排挑了個空位。忽然門開了，房間裡頓時鴉雀無聲。

爲神工作的人走進來了。

他像個巨人昂首闊步。他頭髮濃密烏黑。他穿一件長袍，說話的時候手舞足蹈，袍子跟著掀動，像風中招展的床單。

他講了一個聖經裡的故事。他問我們問題。他在台上來回走動。他挨近我坐的地方。我覺得一陣熱氣襲來。我祈求上帝讓我隱形。求求你，上帝，求求你。

那是我當天最熱切的禱告。

# 3月

## 一個關於逃跑的悠久傳統

亞當躲在伊甸園裡。摩西要他的兄弟當代言人。約拿跳上一艘船，卻被鯨魚吞食[1]。人類喜歡逃離上帝。這是傳統。所以或許我也不過是跟隨傳統，打從學會走路開始，就在逃避奧勃特．路易斯。他當然不是上帝，但在我眼裡，他是最像上帝的人，他是聖人，是穿法衣的人，是大老闆，是拉比頭子。我父母在我襁褓時期就成為他的會眾。他講道的時候，我坐在母親腿上。

然而，我一旦發現了他是什麼人——他是為上帝工作的人——我就開始逃跑。走廊上撞見他迎面走來，我一定跑開。不得已從他書房外面經過，我會加快腳步。甚至到了青春期，只要看見他接近，我就閃進走廊。他個子很高，一八三公分。在他面前我覺得渺小。每次他透過黑邊眼鏡往下望，我都認定他會看見我所有的罪惡與缺點。

所以我逃跑。

一直跑到他看不見我為止。

這些，是二〇〇〇年一場春季暴風雨過後的早晨，我開車到他家途中所想著的事。幾個星期前，八十二高齡的路易斯，趁我演講完畢，在走廊裡向我提出那個奇怪的要求。

**「幫我寫祭文好嗎？」**

我一聽，停下腳步。從不曾有人對我提出這種要求。沒有任何人提過──更別說是出於一位宗教領袖之口了。周圍響著人們互相寒暄的話語，他也面帶微笑，彷彿他只是提出一個極其正常的問題。我囁嚅回答，說了我需要時間考慮之類的話。

隔了幾天，我打電話給他。

好的，我說。我答應他的要求。我會在他的喪禮上演講──但，前提是他得讓我認識他這個人，這樣我才能從人的出發點介紹他。我估計，這需要做幾次面對面的會晤。

「同意。」他說。

轉個彎，我便來到他住的那條街。

那天之前，我對奧勃特．路易斯的了解，無非就是一個觀眾對一位表演者的了解：他說話的風格、他在台上的氣勢，以及他如何用威嚴十足的聲音加上舞動的手勢來讓會眾如癡如醉。沒錯，我們確實曾經有一度很親近。我小時候，他教過我，他也以神職人員身分為我們家主持過重要儀式，像是我姊姊的婚禮和我祖母的葬禮。但，過去二十五年來，我跟他非常疏遠。再說，一般人對於幫自己主持宗教聖事的人了解多少？你聽他教誨，你尊敬他，但他在生活上究竟是個什麼樣的人？這一位奧勃特．路易斯，對我來說就像國王般遙不可及。我不曾到他家吃過飯。不曾在一般社交場合跟他來往。如果他個性上有任何缺點，我無從發現。他有哪些個人嗜好？我全然不知。

呃，也不能說我全然不知。我知道他有一個嗜好。我知道他喜歡唱歌。我們教會每個人都知道這件事。他講道的時候，每個句子都可以變成一首詠嘆調。談話的時候，他可能把名詞或動詞唱出來。他這個人自成一齣小小的百老匯演出。

到了他晚年，如果你問他的近況，他會瞇起眼睛，豎起手指頭當指揮棒，輕聲唱道：

「白髮蒼蒼的老拉比，
已經比不得過去，
比不得過去……」

我踩下煞車。我在做什麼呀？我根本不適合這份差事。我的信仰已經不那麼虔誠。而且我不住這一州。他才是該在喪禮上講話的人，不是我。誰要給一個專門發表祭文的人寫祭文啊？我很想調轉車頭，編一個藉口。

人類喜歡逃離上帝。

我卻朝另一個方向邁開腳步。

# 會見大法師

我沿著車道向前走，踏上門毯。地毯邊緣沾滿了碎葉與草屑。我按了門鈴。就連按門鈴這個動作我都覺得怪異。我猜，我不認為神職人員該裝設門鈴。回想起來，我不知道我預期見到什麼。這是一棟房子。他還能住什麼樣的地方？山洞嗎？

如果說我沒料到有門鈴的存在，來應門的人就更出乎我意料之外了。他腳穿涼鞋配上襪子，下身

過去二十五年來，我和大法師奧勃特．路易斯非常疏遠，如今卻為了幫他寫祭文，而登門造訪。

是一條很長的短褲，前開扣的短袖襯衫沒塞進褲腰。我從沒見過大法師不穿西裝或長袍的模樣。我們十來歲的時候就這麼稱呼他：「大法師」。有點像是電影裡擁有超能力的英雄。超人、綠巨人、大法師。我說過，那時候他令人望而生畏，高大、嚴肅、寬頰濃眉，滿滿一頭黑髮。

「哈—囉—歐，年輕人。」他愉快地說。

呃，嗨，我應了話，盡量不瞪著他看。

近看他，他顯得比較瘦弱，手臂又瘦又鬆弛，滿佈老人斑。這是我第一次看到他露出上臂。厚眼鏡架在鼻梁上，他眨了幾下眼睛，彷彿在找尋焦點，神情像一個老學究在更衣時被人打擾。

「請—進，」他唱著說道：「進—來—吧！」

他的頭髮側分，色澤介於灰與雪白之間。他在唇上方蓄了八字鬍，下巴還有一撮山羊鬍，都已花白，修剪得很短，不過我看見幾小撮鬍鬚沒刮乾淨。他拖著腳步穿過走廊。我跟在他身後方，看著他瘦伶伶的腳，盡可能縮小腳步，免得撞上他。

我該如何描述那天我的感想？後來我在《以賽亞書》找到一段文字，上帝說：

「我的意念非同你們的意念，
我的道路非同你們的道路。
天怎樣高過地，我的道路就高過你們的道路，
我的意念也高過你們的意念。」

這就是我**預期**的感覺——卑微，配不上。他是上帝的使者，我只能仰望他，不是嗎？
但此刻，我跟在這個穿襪子穿涼鞋的老人背後，不敢邁開腳步，唯一的想法只是：「他看起來真可笑。」

# 一段過去

我該先告訴你，我為什麼要逃避這件寫祭文的差事；我也該先說一說，這整件事開始的時候，就宗教信仰來說，我站在哪一個位置。老實說，我什麼位置都不是。你知道基督教是怎麼說墮落的天使嗎？你知道可蘭經又怎麼說埃伯利斯，就是那個因為不肯向上帝的造物行禮而被逐出天國的精靈埃伯利斯[2]？

在地球上，墮落沒那麼戲劇化。就只是漂泊。到處流浪。

我知道。我就是這樣。

哦，我本來也可以做個信仰虔誠的人。我有一百萬個機會。這機會，從我小時候住在紐澤西州中產階級聚居的郊區、父母為我報名去上大法師每週三天的宗教課程就開始了。其實，我可以開心迎接這機會的，然而我去上課的樣子像是個被帶走的囚犯。我（和附近少數幾個猶太男孩一起）坐上休旅車，車子開走，我望著窗外我那些基督徒朋友在街上踢球玩耍，心裡好生羨慕。**為什麼是我要去上課？**我想著。上課時，老師會分發椒鹽麻花棒。我恍恍惚惚地吸吮麻花棒上的鹽粒，直到鈴響，重獲自由。

到了十三歲，同樣是受到父母敦促，我不僅完成了成年禮[3]要求的訓練，我還真的學會朗讀《摩西五經》，也就是舊約聖經的前五卷。我甚至被選為星期六早晨的固定讀經員。我會穿上唯一的一套西裝（當然是深藍色的），站在木箱上，我得墊高身量才看得到經文。大法師照例站在幾呎外，看著我朗讀。儀式之後我可以跟他說幾句話，討論那個星期的聖經內容，但我從來沒這麼做過。我只跟他握手，然後就忙不迭鑽進父親的車，回家去。

高中那幾年——再一次出於父母的堅持——我唸私立學校，半天研習俗世知識，半天上宗教課程。在研習代數和歐洲歷史的同時，我研讀原文的《出埃及記》、《民數記》、《列王記》、《箴言》。我寫過專題報告討論方舟與嗎哪、卡巴拉經典、耶利哥城牆。我甚至為了翻譯《塔木德》的註釋學過古阿拉美語，還分析拉希與麥摩倪德斯等十二世紀的學者[4]。

而後，我進了以猶太學生為主的布蘭迪斯大學（Brandeis University）。為了補貼學費，我在波士頓郊區的猶太教堂主持青年團契。

換言之，我大學畢業、即將進入社會的時候，我對我的宗教熟悉的程度，在我認識的俗世人當中堪稱無人能及。

然後呢？

然後，我可以說是完全把它拋開了。

不是反叛。不是某種喪失信仰的悲劇。只能說是——如果我夠誠實的話，這只能說是我漠不關心。沒必要。我的體育記者事業正在蓬勃發展；每天工作滿檔。星期六上午趕場看大學足球賽，星期天早上則看職業足球賽。我從來不做禮拜。誰有那種時間呀？我好得很，身體健康，賺了錢。我一步一步往上爬。我不需要向上帝求什麼。而且，在我看來，只要我不害人，上帝對我也沒什麼好要求的。我和上帝的關係是「你走你的陽關道，我過我的獨木橋」。起碼我心裡這麼想。我不奉行任何宗教儀式；我跟各種信仰的女孩子約會。最後我娶了一個出身半個黎巴嫩家庭的美麗黑髮女郎。每年十二月，我買耶誕禮物給她。我們的朋友開玩笑：猶太小子娶了信基督教的阿拉伯人，祝你們好運。

一年一年過去，我對於旗幟鮮明的宗教抱持尖酸刻薄的看法。太把神明當一回事的人，都會使我退避三舍。我在政壇和體育界看到太多故作虔誠姿態的偽君子——譬如，離開情婦就去做禮拜的國會議員、剛犯完教規就雙膝下跪與全隊隊員一起禱告的足球教練——這些例子使得情況更糟。更何況，美國的猶太人就和虔誠的基督徒、穆斯林或穿紗麗的印度教徒一樣，經常咬著牙不吭聲，內心忐忑，覺得外界的人不喜歡自己。

所以我絕口不提信仰。

事實上，那麼多年的宗教薰陶，只在我心裡留下一滴火星。我還跟我童年時進進出出的紐澤西州那家猶太教堂有聯繫。出於某些原因，我始終沒有加入其他教會。我不知道為什麼。這沒有道理可言。我住密西根州——相距六百哩耶。

我大可找個更近的地方做禱告。

但我捨不得從前的老位子。每年秋季，我總要搭飛機回老家，站在父親和母親身旁，參加大節期禮拜[5]。也許我太固執，不願意改變。也許這件事不夠重要，不需要為它煩心。於是，很意外的就這樣默默保持了一種模式：

我從出生開始，就跟著一位牧師——而且始終只跟這位牧師。

奧勃特．路易斯。

他也只帶領一批會眾。

我們在這方面都一輩子沒改變。

這，我以為，是我和他唯一相同的地方。

# 亨利的故事

我在郊區成長的同時，有個跟我年紀相當的男孩也在紐約市的布魯克林區成長。有朝一日，他也會與自己的信仰掙扎，但他走的是條不一樣的路。

小時候，他睡在老鼠窩裡。

亨利．柯文頓在他父親威利與母親維瑪生下的七名子女當中排行第六。他們在沃倫街上有一戶擁擠的小公寓，四個兄弟睡在同一間臥房，三個姊妹睡另一間。

廚房則由老鼠盤據。

這家人晚上會在流理台上放一鍋飯，讓老鼠享用，免得牠們跑到臥室裡猖狂。白天，亨利的大哥用ＢＢ槍鎮壓鼠輩。亨利自小怕老鼠，他睡不安寧，唯恐被咬。

亨利的母親替人幫傭，她大部分在猶太人家工作。他父親以收買贓物為生；身材高大而孔武有力的他，喜歡在家裡唱歌。他聲音甜美宛如靈魂歌手歐帝士．瑞丁（Otis Redding），但每逢星期五晚上，他就對著鏡子刮鬍子，哼著〈高大的美腿女郎〉（Big Legged Woman）。

這時他老婆會生氣，因為她知道他要去什麼地方。兩人大吵，凶猛暴烈，聲震四鄰。

亨利五歲的時候，有次父母酒後混戰，打到大街上，高聲對罵。母親維瑪取出一把點二二口徑的步槍，威脅要射殺她老公。她扣下扳機那一瞬間，有個人跳進來喊道：「不行，太太，不要這樣！」子彈打中他手臂。

維瑪被送進「貝德福山監獄」，一處警衛森嚴的女囚監獄。刑期兩年。每到週末，亨利會跟父親去探望她。他們隔著玻璃交談。

「你想我嗎？」她會問。

「想，媽媽。」亨利答道。

那些年，他太瘦，家人餵他白脫糖口味的增重配方，希望他骨頭上長點肉。星期天他都去附近的浸信會教堂，做完禮拜後，牧師會帶孩子們回家吃冰淇淋。亨利喜歡這活動。這是他第一次接觸基督教。牧師談到耶穌與天父，亨利在畫片上看到耶穌的長相，但上帝是什麼模樣，他得自己在心裡畫出來。他想到一朵巨大的烏雲，長著不像人類的眼睛，雲的頭上戴著一頂王冠。

夜裡，亨利求那朵烏雲把老鼠趕走。

# 上帝檔案

大法師帶我走進他小小的家用辦公室。這使得祭文像是個太嚴肅又太尷尬的話題，彷彿醫生才剛見到病人，病人就得把衣服脫光。跟人交談可不能一開始就說：「那，等你死了，我該說你是個怎麼樣的人？」

我試著聊些閒話。談天氣。談社區的舊貌。我們在辦公室裡走動，到處參觀。書架上塞滿書和文件檔案，書桌上堆滿信件和筆記。到處是敞開的紙箱，都是些他正在重溫的、或整理的、或隨便做點什麼的東西。

「感覺就像我已經遺忘了大部分的人生。」他說。

看完這一切，可能要再花掉一生。

「哦。」他笑起來：「說得好，說得好！」

把大法師逗笑，這感覺很奇怪；我有點得意，又覺得對他失敬。近看他已經不是我小時候認識的那個彪形大漢。以前我混在座椅上的人群裡望向講壇上的他，他總是顯得那麼魁梧。

眼前，他站在平地上，好像小了很多，而且很脆弱。衰老使得他身高萎縮了幾吋。寬闊的臉頰凹陷下去，雖然他的笑容仍然顯出自信，眼睛仍然會瞇成睿智而若有所思的凝視，但他用唯恐跌倒的人慣用的那種步伐行走，生死大限已經追上了他。我真想問他：「還有多久？」

不過，我只問起他的檔案。

「哦，檔案裡頭有很多故事，是講道時可用的點子。」他說：「我剪報，也剪雜誌。」他咧嘴一笑：「我收集洋基隊的報導。」

我看到一個標示了「老年」的檔案夾。還有一個極大的檔案夾，標示著「上帝」。

「你有上帝的檔案？」我問。

「是啊。麻煩你，請把那個檔案拿下來，放在近一點的地方。」

我踮起腳尖，伸手去拿，小心不把其他檔案弄亂。我把它放在書架較低處。

「靠近你，我的上帝。」他唱道。

我們終於坐定。我翻開筆記本。從事新聞工作多年養成的習慣，深深影響我的訪談方式。他點了頭，眨一下眼，彷彿明白這會兒已進入更正式的階段。他坐在一張有轉輪的矮背椅上，方便他滑行到書桌或櫃子前面。我坐的是厚重的綠色皮革扶手椅。椅子太軟了，我幾次像小孩一樣陷進椅子裡。

「你坐得舒服嗎？」他問。

舒服。我撒了謊。

「要吃點什麼嗎？」

不用，謝謝。

「飲料呢？」

這樣就很好。

「那就好。」

搞定了。

我沒有在筆記本上寫下第一個問題。第一個問題該問什麼才恰當？人生的總結，應該怎麼開始？我再瞟一眼那個「上帝」的檔案夾——不知什麼緣故，它很吸引我（夾子裡有什麼東西？），然後，我脫口提出一個對於穿法袍的人而言根本想都不必想就能回答的問題。

你相信上帝嗎？

「是的，我相信。」

我把答案寫在本子上。

你可曾跟上帝交談過？

「固定這麼做。」

你都說些什麼呢？

「最近嗎？」他嘆口氣，然後半唱半說答道：「最近我都說：『上帝，我知道我快要見到你了，到時我們可以好好兒聊天。但，目前呢，上帝啊，如果你要帶我走，拜託快點動手。如果你要把我留在這兒，』」——他張開雙手，望向天花板——「『那就多給我一點力氣，完成我該做的事。』」

他放下手，聳一聳肩膀。這是我第一次聽他談到自己的死。我忽然發現，這與我答應的任何一場演講邀約都不一樣；我向這位老人提出的每一個問題，累積起來，就成為我沒有勇氣提出的那個問題的答案。

**等你死了，我該說你是個怎樣的人？**

「啊，」他嘆口氣，又抬起頭來。

怎麼？上帝回答了嗎？

他露出微笑。

「我還在等他開口。」他道。

# 現在是一九六六年……

……祖母來探望我們。我們剛吃完晚餐，正在收拾碗盤。

「今天是『忌日』。」她對母親說。

「在櫃子裡。」母親答道。

祖母是個矮小結實的婦人。她走到櫃子前面，但以她的身高搆不到上層的架子。

「跳上去。」她對我說。

我跳了。

「看見蠟燭嗎？」

最上層架子上，擺著一個裝滿蠟的小玻璃杯，杯子中心伸出一根燭芯。

「這個嗎？」

「小心。」

這是做什麼用的？

「你祖父。」

我跳下來。我沒見過祖父。他死於心臟病發作，病發時他正在一棟避暑木屋修理水槽。四十二歲。

那是他的嗎？我問。

母親把一隻手搭在我肩膀上。

「我們要點蠟燭紀念他。你去玩吧。」

我走出那個房間，但回頭偷看了一眼：我看見母親和祖母站在蠟燭前面，唸唸有詞禱告。

後來——她們都上樓以後——我回來。所有燈都關了，但燭焰照耀著流理檯面、水槽、冰箱的一側。我還不知道這是一種宗教儀式。我認為這是魔法。我很好奇祖父是否在裡面，一朵小火焰，孤零零在廚房裡，困在玻璃杯裡。

我永遠不要死。

# 亨利的故事

亨利．柯文頓第一次接納耶穌作為他個人的救主時，才只有十歲，在紐約州貝佛基爾一個小型的聖經夏令營上。對亨利來說，參加夏令營，意味著他可以離開交通紊亂而亂糟糟的布魯克林兩個星期。孩子來到夏令營，可以在戶外玩耍，四處追青蛙。他們還採集薄荷葉放在水瓶裡，讓水瓶曬一天太陽；到了晚上，輔導員會加入糖，做成飲料。

一天晚上，一個膚色白皙的漂亮輔導員問亨利，願不願意與她一起禱告。她十七歲，身材苗條，氣質溫文；她穿咖啡色裙子、鑲荷葉邊的白襯衫，頭髮紮成馬尾，亨利覺得她美得讓他無法呼吸。

好啊，他說。他要跟她一起禱告。

他們到寢室外面去。

「你的名字叫亨利，你是上帝的孩子。」

「我的名字叫亨利。」他重複道：「我是上帝的孩子。」

「你願意接受耶穌基督做你的救主嗎？」她問。

「是的，我願意。」他回答。

她握住他的手：「你承認你的罪嗎？」

「是的，我承認。」

「你要耶穌原諒你的罪嗎？」

「是的。」

她低下頭，前額貼著他的前額。她壓低聲音。

「你邀請耶穌進入你的生活嗎？」

「我邀請他。」

「要我跟你一起禱告嗎？」

「是的。」他低聲道。

室外很溫暖。夏日的黃昏，天空變成紅色。亨利感覺到女孩柔軟的額頭，她緊緊握住他的手，她輕柔的禱告聲那麼貼近他耳朵。想必這就是救贖。他全心全意接受。

第二天，他有個朋友弄到一支ＢＢ槍，他們拿槍來打青蛙，企圖殺死青蛙。

# 4月

## 和平之家

春天下著濛濛細雨，我車子開得很慢。我要求在我們第二次會晤時，看看大法師怎麼工作。若想介紹一個過世的人，應該談到他生時如何勞動，不是嗎？

開著車穿越我從小住到大的紐澤西州郊區，感覺很奇怪。從前這一帶住的都是土生土長的中產階級；父親上班，母親煮飯，教堂敲鐘──我等不及要看外面的世界。我讀完高中就進入波士頓附近一所大學就讀，然後我去了歐洲，然後是紐約，不曾回到這兒居住。比起我所追求的人生成就，這地方太小了，假如一直在這兒，會像是永遠穿著小學時候的衣服。我夢想著旅行，在外國城市裡結交外國朋友。我聽說過「世界公民」這名詞，我要成為其中的一員。

但現在，四十出頭的我，回到故鄉小鎮。我開車經過超市，看見櫥窗裡有塊招牌寫著「果泥冰」。小時候我們很喜歡那玩意兒，櫻桃口味或檸檬口味，小杯一毛錢，大杯兩毛五。我在別處從來沒找到與它一模一樣的東西。我看見一個男人走出超市，捧著一杯正在舔食。有一瞬間，我很想知道，如果當初我留下來，住在這兒，成年後還在舔果泥冰，會是什麼樣的人生。

我趕快擺脫這念頭。我來這兒有個目的。一篇祭文。完工了我就回家。

停車場幾乎是空的。我走向教堂，有一道挑高的玻璃拱門，但我絲毫不覺得近鄉情怯。這不是我小時候祈禱的地方。我們的Beth Sholom（意思是「和平之家」）教區，與很多郊區的基督教堂和猶太教堂一樣，有類似的遷徙模式。它在一個地方打下基礎，然後搬到另一個地方，追著教區裡那些遷移的成員跑，隨著成員們住的區域逐漸富裕，教會的規模也愈來愈大。從前我以為，教堂和寺廟就像山，永遠不會改變位置；我也以為，它們的形狀只有一種。事實上，它們很多都會跟著顧客走。一再重建。我們的聖堂，已經從一棟位處住宅區、經過改造而充當教堂的維多利亞式住宅，變成一棟向四方擴建的建物，有寬敞的門廳、十九間教室與辦公室，還有一面刻滿姓名的牆，專門向那些造就了這一切的慷慨捐助者致謝。

就我個人而言，我比較喜歡我小時候那棟狹窄的磚造建築，一走進後門就聞到廚房的香味。我熟悉那地方的每一吋角落。連放拖把的壁櫃我都熟，那是我們小時候的藏身寶地。

我有一次在那兒躲大法師。

但，人生有哪件事是永遠不變的呢？

現在大法師在前廳等我，這次他穿上有領子的襯衫和休閒外套。他唱著為我改了歌詞的音樂劇歌曲〈哈囉，桃莉〉副歌，向我打招呼：

「哈囉，米奇，
哦，哈囉，米奇，
真高興看見你

回到了這裡……」

我堆起滿臉笑容。但我不確定，面對這種輕歌劇的排場，我能撐多久。

我問候他。他提到偶爾會頭暈。我問情況是否嚴重。

他聳聳肩膀。

「這麼說好了。」他道：「白髮蒼蒼的老拉比——」

已經比不得過去，我說。

「啊。」

這樣子打斷他，我覺得自己不對。我幹嘛這麼沒耐心？

我們沿著走廊走向他的辦公室。目前他處於半退休狀態，工作時間完全由他選擇。他高興的話可以一直待在家裡；沒有人會反對。

但，宗教建立在儀式之上，而大法師喜歡「去上班」的這個儀式。他一手拉拔這個教會，從一九四八年的幾十戶家庭，發展成今天的一千多戶人家。我有種感覺，這地方其實已經大到他不喜歡的程度。有太多他不熟識的會眾。現在也有其他拉比處理日常職責，一位是資深拉比，一位是助理。大法師剛來的時候，若想找助理來協助是很可笑的想法。他都自己帶鑰匙，親手鎖門。

「你看。」

他指著一扇門背後一整堆包裝好的禮物。

那是什麼？我問。

「新娘房。舉行婚禮之前，新娘來這兒更衣。」

他打量那些禮物，露出笑容。

「真美，不是嗎？」

什麼？

「人生。」他說。

# 現在是一九六七年……

……家家户户都爲慶祝耶誕節而張燈結綵。我們家附近住的大部分是天主教徒。

一天早晨，剛下過雪，有個朋友和我一起步行上學。我們都穿著連帽外套和橡膠靴。我們來到一棟小房子前面，草坪上佈置著眞人尺寸的耶穌誕生場景。

我們停下腳步，細看那些雕像。東方三博士。動物。

那個是耶穌嗎？我問。

「哪一個？」

站著的那個，戴王冠的。

「我猜那是他父親。」

耶穌是另外那個男的嗎？

「耶穌是小嬰兒。」

在哪裡？

「在搖籃裡啦。你好笨。」

我們伸長脖子看。從步道這端看不見耶穌。

「我要去看一下。」我朋友說。

最好不要。

「爲什麼？」

可能會惹上麻煩。

我不知道自己爲什麼要這麼說。在那個年紀，我已經意識到世界分爲「我們」和「他們」。如果你是猶太人，就不該談論耶穌，更不該去看耶穌。

「我就是要看。」我朋友說。

我跟在他後面，踏上草坪。我好緊張。雪在我們腳下喀吱作響。近距離細看，三博士的雕像很假，皮膚是上了橘色塗料的硬石膏。

「那就是他。」我朋友說。

我站在朋友的後面，從他的肩膀探出頭窺看。就在那兒，嬰兒耶穌在搖籃裡面，躺在畫出來的稻草上。我打了個寒噤。我差點兒以爲他會張開眼睛，大喊：「逮到你們了！」

走吧，我們快遲到了。我邊說邊往後退。

我朋友嗤之以鼻。

「膽小鬼。」他說。

# 亨利的故事

如今亨利學會了相信聖父，也接受聖子作為他個人的救主。到了十二歲那年，某個星期五晚上，他在紐約哈林區的真救贖教堂第一次真心接納了聖靈。

那是「聖靈降臨節」的待靈儀式——這個儀式的典故，是出於耶穌吩咐門徒在耶路撒冷等候，直到「領受從上頭來的能力」[6]——依照傳統，這儀式包括了把信徒叫上去領受聖靈。亨利與其他人一起走上講台。輪到他的時候，有人給他塗上橄欖油，命他跪下，趴在一張報紙上。

「呼喚他。」他聽見好幾個聲音說。

於是亨利呼喚。他說：「耶穌」、「耶穌」，然後又喊：「耶穌、耶穌、耶穌。」一遍又一遍，直到每一個字都連在一起。他前後搖晃身體，再三複誦耶穌之名。許多分鐘過去了。他的膝蓋開始作痛。

「耶穌，耶穌，耶穌，耶穌……」

「呼喚他！」教會的人咆哮：「向他祈求！」

「耶穌—耶穌—耶穌—耶穌—耶穌—」

「馬上來了！繼續呼喚他！」

他頭昏腦脹。小腿抽筋，好痛。

「耶穌耶穌耶穌耶穌耶穌耶穌耶穌耶穌耶穌——」

「快了！快了！」

「呼喚他！呼喚他！」

他滿身大汗，呼吸困難。十五分鐘過去，也許是二十分鐘。最後字句都重疊在一起，變得混淆不清，聽起來已不像「耶穌」，只是一連串嘰哩咕嚕的音節，含混不清的呻吟。口水從他嘴巴滴出，落到報紙上。他的聲音與舌頭與牙齒與嘴唇黏在一起，成為一具抖動的機器，憤怒而狂亂——

「耶穌耶穌耶耶穌穌耶穌耶耶穌穌耶穌——」

「你到了！你到了！」

他就這樣得到了。或說是他以為自己得到了。他吁一口氣，喘息不定，差點不能呼吸。

他深深吸一口氣，試著讓自己鎮定下來。他擦拭下巴。有人把濕透的報紙揉成一團拿走。

「你現在有什麼感覺？」牧師問他。

「好極了。」亨利喘道。

「你覺得好極了，因為主把聖靈交給你？」

他確實這麼覺得。好極了。雖然他不明白自己做了什麼。但牧師微笑著求主保佑亨利，亨利想要的無非也就是如此，用禱告求取保護。這讓他在回到住家附近時有安全感。

那天晚上，亨利攝入了聖靈。但不久他也開始攝入別的東西。他開始抽菸。他也嘗試喝酒。他因為和一個女孩打架被逐出六年級教室。不久，這張單子上又增加了大麻。

青少年時期，有次他聽母親與一個親戚聊天，她說她的孩子當中，亨利會最有出息，他心地好，脾氣也好。這個小兒子「有一天會做牧師」。

亨利心裡暗笑：「做牧師？妳知道我吸了多少這種玩意兒？」

# 為信仰做功課

大法師工作場所的辦公室與他家裡的辦公室沒什麼差別，亂糟糟，堆滿東西。紙張、信件、紀念品，加上幽默感。門上貼了一張細數知足之福的紙條、幾張趣味海報，甚至還有一張仿造的停車號誌，寫著：

搶我停車位

小心打斷腿

我們一坐下，我就清一清喉嚨。我的問題很簡單，都是些為了要寫出得體的祭文而一定得知道的事。

你為什麼選擇這一行？

「這一行？」

宗教。

「哦。」

你得到天命感召嗎？

「我不會那麼說。沒有。」

沒有異象嗎？一場夢？上帝不曾透過某種形象或方式來找你？

「我想你讀太多書了。」

嗯。只有聖經。

他笑了：「那本書裡沒有我。」

我沒有不敬之意。只不過我總覺得，拉比、神父、牧師，所有神職人員，真的，都活在一個介於塵世與天堂之間的層次。上帝在上，我們在下，他們在中間。

這個說法很適合拿來看待大法師——起碼在我比較年輕的時候，他不但威儀懾人，聲譽完美無瑕，更是傑出的佈道家。忽而慷慨陳詞，忽而幽默感十足，忽而怒聲咆哮，忽而悄聲低語，奧勃特．路易斯講的道，就像明星投手的快速球或帕華洛帝的詠嘆調。這是大家來做禮拜的理由；我們都知道——我認為他在內心深處也知道。我相信有些教會的會眾在講道開始前就陸續開溜。但我們的會眾不會開溜。大家看著手錶，加快腳步，唯恐遲到了聽不見大法師所說的道理。

為什麼？我猜是因為他不用傳統的方式看待講道。我後來才知道一件事：他受的是學院派的正式訓練——從A開始，前進到B，提出分析與佐證——但他在人前試了兩三次之後，決定放棄那種方式。聽眾聽不進去。他們覺得厭煩。從他們臉上就看得出來。

所以他從《創世記》第一章開始，把內容拆解成最簡單的觀念，然後把這些觀念與日常生活結合在一起。他提問題，也讓別人發問。一種新風格的講道方式就此誕生。

多年的歷練把這些講道變成扣人心弦的表演。他拿捏講話的時機宛如魔術師，從一個高潮到下一個高潮，穿插了聖經裡的金句、法蘭克·辛納屈的歌、綜藝節目的笑話，加上希伯來文特有的表達方式，甚至不時邀請聽眾參與（「有人志願上台嗎？」）。他花樣百出。有一次，他拉出一張小板凳，朗讀蘇斯博士所寫的兒童讀本《烏龜葉凸》（*Yertle the Turtle*）。有一次，他唱〈過去的時光〉（Those Were the Days）。有一次他帶來一顆南瓜和一塊木頭，分別用刀把它們劈開，以此說明，長得快的東西通常也比需要花時間生長的東西容易毀壞。

他引用的字句，可能出自《新聞週刊》、《時代》、《星期六晚郵》（*Saturday Evening Post*）、《史努比》漫畫、莎士比亞劇作或者電視影集《虎父虎女》（*Matlock*）。他會用英語、希伯來語、義大利語唱歌，或者模仿愛爾蘭口音；他會唱流行歌曲、民謠、古代歌謠。大法師的講道，比我讀過的任何一本書都更讓我見識到語言的力量。你掃視教堂一眼，發現人人聚精會神；即使他是在責備眾人，大家也全神貫注。說真的，你吸一口氣聽他開始講道，會直到他講完了你才吐氣。他就是這麼棒。

正因為如此，因為他從事這個行業，我才會好奇他是否受到神聖的感召。我記得摩西和燃燒的荊棘；以利亞和微小聲音、巴蘭和驢子、約伯和龍捲風等等先知的故事[7]。在我想來，傳聖言的人，必須得到上天的啟示。

「不見得一定這麼運作。」大法師說。

那麼是什麼吸引了你呢？

「我想做老師。」

宗教的老師？

「歷史老師。」

在一般的學校教歷史？

「在一般的學校。」

但你去讀了神學院。

「我去試試看。」

試試看？

「第一次，我失敗了。」

你開玩笑。

「我沒有開玩笑。神學院的院長路易．芬克斯坦把我拉到一旁，說：『奧爾，你知識豐富，但我們覺得你資質不足，不可能成為一個啟迪人心的好拉比。』

那你怎麼辦？

「我能怎麼辦？我就離開了。」

這可真的大出我的意料。關於奧勃特．路易斯這個人，你可以有很多評語，但你說他資質不足，不能啟迪或領導一個教區？無法想像。或許神學院主管認為他太溫吞，或者太害羞。不論原因何在，這次失敗是一個嚴重的打擊。

他暑假去了紐約州傑維斯港一個夏令營打工，擔任輔導員。有個學員特別難纏。每次其他小孩在一個地方集合，那孩子總跑到別的地方去。要求大家坐下，他總是抗命要站著。

那孩子名叫菲尼亞斯。奧爾花了大半個暑假鼓勵他，聽他說心事——耐著性子，帶著微笑。奧爾了解青春期的痛苦。他自己也曾是封閉的宗教環境裡一個矮胖的少年；他朋友很少；他不曾真正與女孩約會過。

菲尼亞斯在這位輔導員身上找到真摯的同情。夏令營結束，這孩子改變了。

幾星期後，奧爾接到菲尼亞斯父親的電話，邀請他去晚餐。結果對方是傑出的猶太學者麥克斯．柯杜信，也是保守運動[8]的主將。那天晚上在餐桌上，他說：「奧爾，我對你有說不盡的感謝。你送回來一個改頭換面的小孩。你送還給我一個年輕的男子漢。」

奧爾微笑。

「你對人——尤其是小孩——很有辦法。」

奧爾說，謝謝你。

「你有沒有考慮去讀神學院？」

奧爾差點兒把嘴裡的食物噴出來。

「我試過。」他說：「沒成功。」

柯杜信考慮了一會兒，然後他說：

「再試一次吧。」

靠著柯杜信幫忙，奧勃特．路易斯第二次嘗試的結果比第一次好。他成績優異，而後被任命為神職人員。

不久，他搭巴士到紐澤西州面試這輩子的第一份、也是唯一的一份佈道工作。時隔五十多年，他還在工作崗位上。

沒有天使嗎？我問。沒有燃燒的荊棘？

「只有巴士。」大法師說，咧嘴一笑。

我在筆記上寫下心得。我認識的最具啟發力的人，是靠著幫助一個孩子發展潛能才發揮了他自己的潛能。

離開他的辦公室之前，我把黃色筆記本收起來。見了幾次面，我現在知道他相信上帝，他對上帝說話，他為上帝工作似乎是出於偶然，而且他很會帶小孩。這是個開始。

我們走向大廳。我四下打量這棟我通常每年只來一次的建築。

「回家的感覺真好，對吧？」大法師說。

我聳一聳肩膀。這兒已經不是我的家了。

這些故事，我問，可以放在——在我——你知道的——我寫的祭文裡嗎？

他捋捋下巴。

「到時候，」他道：「我想你會知道該說什麼。」

# 亨利的故事

亨利十四歲那年，長期患病的父親去世了。亨利穿一套西裝去殯儀館，因為威利．柯文頓堅持每一個兒子都要有西裝，即使他們家沒錢買別的東西。

一家人向敞開的棺材走去，瞪著屍體看。威利的皮膚極黑，但殯儀館把他化妝成一種赤褐的膚色。亨利的大姊痛哭失聲。她動手擦掉父親臉上的妝，尖聲叫道：「我爸不是長這個樣子！」亨利的小弟想爬進棺材。他母親也在哭。

亨利默默旁觀。他只想要父親回來。

學會崇拜上帝、耶穌或任何更崇高的力量之前，亨利最崇拜的是他父親，一個來自北卡羅萊納州的床墊製造工人，身高一九二公分，胸膛上滿佈著從不曾對孩子解釋由來的子彈疤痕。他是條硬漢，菸一根接一根抽，也喜歡喝酒，但晚上灌飽黃湯回到家後通常很溫柔，會把亨利叫過來說：「你愛不愛你爸？」

「愛啊。」亨利會說。

「那就過來給老爸抱一個。給老爸親一個。」

威利是個謎，他沒有真正的工作，對教育非常堅持，他靠收贓討債為生，家裡卻絕對不准有偷來的東西。亨利小學六年級開始抽菸的時候，父親只有一句話：「永遠不准跟**我**討菸抽。」

但威利愛他的孩子，他會向他們挑戰，詢問他們學校上了哪些課目，若答出簡單的問題可以得一塊錢，解出數學題可以得十塊錢。亨利喜歡聽他唱歌——尤其愛聽他唱〈約旦河邊好清涼〉（It's Cool Down Here by the River Jordan）之類年代久遠的黑人靈歌。

但不久他就不再唱歌了。威利咳個不停，腦部患了氣腫與結核。人生的最後一年，他幾乎都躺在床上。亨利替他煮飯，把食物送進他房間，儘管父親嘔出血來，什麼也不吃。

一天晚上，亨利送晚餐進房裡，父親抬頭看他，神情哀傷，啞著嗓子說：「聽著，兒子，你要是沒菸抽，可以拿一些我的去。」

一星期後，他死了。

葬禮上，亨利隱約聽見浸信會的牧師提起靈魂與耶穌，但大部分的話他都沒聽進心裡。他不斷想著父親會回來，有一天會突然出現在門口，唱著他最喜歡的歌。

幾個月過去。這件事沒發生。

既然失去了唯一的英雄，最後，這位收贓者之子亨利做出了一個決定：從現在開始，他要什麼就拿什麼。

# 5月

## 儀式

春天快要過完，夏季即將來臨。近午的陽光熱辣辣地從廚房窗戶射進來。這是我們第三次見面。開始談話之前，大法師替我倒了一杯水。

「加冰塊？」他問。

這樣就好，我說。

「他這樣就好。」他唱道：「不要冰塊？那該多乖……但是不要冰塊……」

我們回到他辦公室，途中經過一張他年輕時候的大照片。照片中，他站在山上，頂著燦爛的陽光。他身材高大健壯，一頭黑髮往後梳——我自幼的記憶中，他一直是這副模樣。

好照片，我說。

「那是值得驕傲的一刻。」

在什麼地方拍的？

「西奈山。」

就是上帝交下十誡的地方？

「完全正確。」

什麼時候拍的？

「一九六〇年代。我跟一群學者一同前往。一位基督徒和我一起爬上山，照片是他拍的。」

花了多少時間？

「好幾個小時。我們爬了一整夜，日出時到達山頂。」

我瞥一眼他衰老的身體。現在不可能從事這樣的活動了。他瘦窄的肩膀已經駝了，手腕上的皮膚鬆垮又皺巴巴。

他繼續朝辦公室走去。我注意到照片上一個小細節。除了他的白襯衫和禱告用的披肩，大法師攜帶著傳統的經文匣。虔誠的猶太教徒在晨間做例行禱告時，會把這種裝經句的小盒子綁在頭上與手臂上。

他說他爬山爬了一整夜。

換言之，他帶著經文匣一起爬山。

諸如此類的儀式是大法師生活中極為重要的內容。晨禱。晚禱。只吃特定的食物，別種食物都不吃。每逢安息日，不分晴雨，他安步當車，走路去猶太教堂，遵守猶太律法，不操作汽車。假日與節日，他都參與傳統習俗，在逾越節[9]舉行家宴，到了新年則把麵包扔進小溪，象徵拋棄罪惡。

就像天主教有晚禱、聖禮、領聖體，就像伊斯蘭教每天五次祈禱，穿潔淨的衣服，準備祈禱墊——猶太教也有許多儀式，夠你忙一整天，忙一整個星期，忙一整年。

我記得小時候曾聽大法師訓斥會眾——有時很溫和，有時不那麼溫和——不可省略了點蠟燭和禱告等傳統程序，尤其不可忘記為去世的親人誦哀禱詞（Kaddish），否則就等於怠慢儀式，等於讓儀式消失。

儘管他再三呼籲會眾要對儀式更為嚴謹，但一年一年過去，會眾張開手指，一點一滴流失得更多。這兒跳過一次禱告，那兒省了一個節日。他們與外邦人結婚——就像我一樣。

我很想知道，如今他餘日無多，還覺得儀式有多重要。

「性命攸關。」他說。

到底為什麼呢？內心深處，你已經很清楚自己的信念了。

「米奇，」他說：「信心就在於行動之中。看一個人，要看的是他做了什麼，而不僅是他相信了什麼。」

是的，對大法師而言，他不僅每日奉行儀式，他是用儀式來塑造自己的日常生活。他不是在禱告，就是在研讀經典——研讀經典是他的信仰之中很重要的一環——或做慈善工作，或探訪生病的人。如此，他的生活相當有規律，從美國的標準來看甚至可能有點單調——不是嗎，我們美國人被制約了，把「一成不變」視為應該排斥的東西，挖空心思讓事事都新鮮有趣。但大法師對新鮮不感興趣。他從不跟隨流行。他不做彼拉提斯、不打高爾夫球（曾經有一次，有人送給他一根球桿；桿子就此在他的車庫裡擺了好多年）。

但，他的虔誠生活有一種鎮定人心的效果。他遵守一個又一個的傳統習俗，好比打高爾夫球的人一個洞一個洞推桿；他在特定時刻採取同樣行動，例如每年秋季，他都建造一座住棚節茅屋，讓茅屋的屋頂敞開，看得見星[10]。例如每一個星期他都謹守安息日，把世界分成六天與一天，六天與一天。

「我祖父母這麼做。我父母也這麼做。如果我拋棄這模式，那麼我把他們的一生當作什麼？又把我自己的一生當作什麼？多少個世代以來，靠著這些儀式，我們才能有……」

他轉動手掌，找尋適當的字眼。

連繫？我說。

「啊。」他對我微笑：「連繫。」

# 春暮

我們朝著前門走。我心頭湧起一陣罪惡感。我也曾謹守儀式，但已經忽略它們幾十年了。這陣子，我沒做過一件我的信仰要求我做的事。啊，我的生活很刺激，經常旅行，遇見有趣的人。但我日常的例行活動——鍛鍊身體、掃視新聞、察看電子郵件——這些都只是為了我自己，沒有一點是出於傳統的約束。我跟什麼有連繫呢？跟我最喜歡的電視節目？跟早報？我的工作需要保持彈性。儀式卻剛好是彈性的相反。

更何況，我認為宗教習俗固然溫馨，卻是老掉牙的玩意兒，就像是用複寫紙打字那樣過時。老實說，我的例行公事當中，最有宗教氣息的一樁就是來拜訪大法師。而我已看到他在辦公室與居家的生活，看到他笑，看到他回答問題。我看過他穿短褲。

這個春季，我與他見面的次數，超過正常情形下我在三年裡會見到他的總數。但我還是不懂。我是令人失望的會眾之一，他為什麼選中我來參與他的死亡？恐怕，他還在世時，我就已經讓他失望了。

我們到了門口。

還有一個問題，我說。

「還有問—ㄣ—題，」他唱道：「在門—ㄣ—口提起……」

你為什麼不會變得憤世嫉俗？

他頓了一下。

「幹我這一行，沒有憤世嫉俗的餘裕。」

但一般人有那麼多缺點。他們忽視儀式、忽視信仰——他們甚至忽視你。你一再嘗試，難道不會厭倦？

他用同情的眼神打量我。也許他意識到我實際上要問的是：「**為什麼找上我？**」

「讓我用一個故事回答你。」他說：「有一個推銷員，懂嗎？他敲了一扇門。應門的人說：『今天我不需要任何東西。』

「隔天，推銷員又來了。

「『滾遠點。』對方說。

「第三天，推銷員又來了。

「那人吼道：『又是你！我警告過你！』他大發雷霆，一口口水吐在推銷員臉上。

「推銷員微笑，取出手帕，擦掉口水，然後望著天空說：『一定是下雨了。』

「米奇，信仰就是這麼回事。人家吐口水在你臉上，你就說一定是下雨了。但明天你還是會回來。」

他微笑。

「所以，你也會回來吧？但也許不是明—ㄙ—ㄙ—ㄙ—天……」

他張開手臂，好像在等著接下一個包裹。我這輩子第一次沒有逃跑，做了一件與逃跑全然相反的事。

我擁抱他。

我們很快就鬆開彼此。有點笨拙。可是我摸到了他背上突出的骨頭，也感覺到他長滿鬍子的臉頰貼著我的臉。短暫的擁抱，我卻覺得這個高高在上、為上帝工作的人，好像縮小到常人的尺寸。

回想起來，我覺得，就在那一刻，寫祭文的要求變成了另外一回事。

# 夏

# 現在是一九七一年……

我十三歲。今天是大日子。我低頭看著神聖的經卷，手拿一支小銀棒；它的尖端做成手掌的形狀。我順著古老的經文念誦每一個字。青春期的聲音刺耳難聽。

前排坐著我的父母、兄弟姊妹和祖父母。他們後面有更多親戚、朋友、同學。

往下看就是了，我告訴自己，別搞砸了。

我繼續唸了一會兒。我表現得相當好。唸完以後，周圍一群男人上前握我汗濕的手。他們低聲道：「Yishar coach（恭喜）。」然後我轉過身，講壇另一頭好像很遙遠，身穿法袍的大法師站在那兒等我。

他低下頭，從眼鏡後面看我一眼，示意我坐下。我覺得椅子變好大。我看到他的祈禱書，書頁間夾著許多張剪報。感覺好像走進他的私人空間。他唱得很大聲，我也跟著唱——唱得和他一樣大聲，免得他以爲我懈怠——但實際上我打從骨子裡發抖。我已完成成年禮的義務，但接下來才是最令人忐忑不安的部分：與拉比對話。這種事無法預習。完全不拘形式的談話。更可怕的是必須站在他旁邊。不准逃離上帝。

祈禱結束後，我站起身。我比講桌高不了多少，有些會眾得挪動身體才看得見我。

「怎麼樣，感覺如何，年輕人？」大法師說：「鬆了一口氣？」

是啊，我喃喃道。

我聽見人群中傳出壓抑的笑聲。

「幾個星期前，我們聊天的時候，我問你對你的父母有什麼看法。你還記得嗎？」

記得一點，我說。

更多笑聲。

「我問你覺得他們夠不夠完美，還是仍需要改進。你記得你怎麼說的嗎？」

我不敢動。

「你說他們不夠完美，但是……」

他對我點點頭。來啊，說下去。

但不需要改進？我說。

「但他們不需要改進。」他道：「這種看法很有洞察力。你知道爲什麼嗎？」

不知道，我說。

更多笑聲。

「因爲這代表你願意接受人家原來的面目。沒有人是十全十美的。就連老爸老媽也不例外。沒關係的。」

他微笑著把雙手放在我頭上。他念誦一段祝福：「願主的容顏照耀你……」

所以我受到祝福了。主會照耀我。

這代表我可以做的事多了一些，還是少了一些？

# 亨利的故事

在我獲得宗教上的肯定成為一個「男人」的差不多同一時間，亨利成了一個罪犯。

他從偷車開始。他哥哥撬鎖的時候，他負責把風。接著他搶皮包。然後他在商店裡順手牽羊，地點以超市為主。他偷拿整包的豬排和香腸，把它們藏進他身上穿的尺寸大了幾號的長褲或襯衫裡。

學校早被拋在腦後。同齡的人去看足球賽或參加畢業舞會的時候，亨利持械搶劫。老少黑白他都不放過。他揮舞著槍，勒令那些人交出現金、皮夾、首飾。

一年年過去，他在街頭樹立了不少敵人。一九七六年秋季，附近有個對頭企圖在殺人案調查中誣陷他。那人告訴警方，亨利是兇手。但後來他又說是別人幹的。

儘管如此，警察來找他問話的時候，年紀已十九歲卻只讀完小學六年級的亨利，以為可以反將那個誣告者一軍，把五千元的賞金弄到手。

所以他非但沒有說「我不知道」或「我不在附近」，反而撒謊說誰誰誰在場，誰誰誰做了什麼。他編了一個又一個謊言。他把自己安排在現場，卻沒有參與行動。他以為自己很聰明。

其實他笨到了極點。撒了半天謊，到頭來他只害自己和另一個人被捕，罪名是殺人。另一個人受了審，定了罪，要關二十五年。亨利的律師連忙建議他認罪減刑。七年。就認了吧。

亨利慌了。七年？為他沒犯過的罪坐牢七年？

「我該怎麼辦？」他問他母親。

「七年比二十五年少。」她道。

他忍住眼淚。他在法庭裡接受這筆交易。他被套上手銬帶走。

坐巴士前往監獄途中，亨利詛咒懲罰不公正。他沒有算一算，自己有多少次該進監獄卻僥倖脫身。他滿懷憤怒與怨毒。他發誓，一出獄就要討回公道。

# 我們失去的……

現在是二〇〇三年夏季，我們在廚房裡。大法師的妻子莎拉正在切哈密瓜，他在旁端著盤子，一身白色短袖襯衫、紅襪子和涼鞋——這樣的搭配不會再使我吃驚了。

「吃一點。」他說。

等一下。

「你不餓嗎？」

等一下。

「對你有益。」

我吃了一塊。

「喜歡嗎？」

我轉了轉眼睛。他在耍寶。我沒想到我還會來。距離第一次訪談已經三年了。人家說要寫祭文，你難免會以為他的時辰快到了。

但我後來得知，大法師就像一棵頑強的老樹，他會在暴風雨中彎曲，卻不會斷裂。這些年來，他克服過何杰金氏病（Hodgkin's disease）、肺炎、心律不整，以及一場小中風。

這陣子，為了保護已經八十五歲的身體，他開始每天吞服藥丸，包括控制癲癇的「癲癇停」（Dilantin）、控制心臟病與高血壓的Vasotec與Toprol。他最近發作過一次帶狀皰疹。我來訪前不久，他跌了一跤，導致胸腔骨折，住了幾天醫院，醫生拜託他無論去哪兒都要拿枴杖──「為了你自己的安全，」醫生說。但他很少帶枴杖，唯恐會眾認為他年老體衰。

可是，每一次我現身，他都等不及要見我。我暗地裡慶幸他還在抵抗肉體的衰頹。我不喜歡看他軟弱。他一直屹立不搖，崇高正直，是個為上帝工作的人。

是我自私，但我希望他一直保持那個樣子。

更何況，我曾經目睹別種可能性。八年前，我看著我深深敬愛的老教授墨瑞．史瓦茲慢慢死於肌萎縮性脊髓側索硬化症（ＡＬＳ）。我每星期二到他波士頓市郊的住處去探望他。每過一個星期，雖然他心智保持煥發，但他的身體就更糟一點。

從我第一次去探望他算起，不到八個月，他就去世了。

我希望奧勃特．路易斯——他與墨瑞同年出生——撐久一點。好多事情我沒來得及問我的老教授。不知多少次，我告訴自己：「只要多給我幾分鐘，我就……」

我期待與大法師相遇——我坐在綠色的大椅子上，他在書桌上翻尋一封不可能找到的信。有幾次，我是從底特律直飛費城來找他訪談。但大多數時候，我是在紐約市錄製了電視節目後，在星期天早晨搭火車前去。我在一般人上教堂的時間抵達，所以我想，這可稱為我和他的小小教堂時間——如果兩個猶太男人討論宗教話題也可稱做教堂的話。

我的朋友都感到好奇，或者表示難以置信。

「你去他家，像是去一個普通人的家那樣？」

「你不會膽怯嗎？」

「你在那兒的時候，他會不會逼你禱告？」

「你們真的談到他的祭文？不覺得這樣很病態嗎？」

如今回想，那確實不是最正常的事。過了一陣子，我應該可以叫停的；我收集到的材料，足夠我寫一篇歌功頌德的文章了。

但我覺得有必要繼續去看他，去確認我寫的文字能夠反映他這個人。還有，好吧，還有更多動機。他勾動了我心裡沈睡已久的某種東西。他老是讚美著他所謂的「我們美麗的信仰」。聽別人說這種話，總使我不安，我不想與任何團體有那麼親密的關係。但看到他那麼──該怎麼說？──那麼歡喜，想想他都那把年紀了，真的很吸引人。信仰對我或許沒那麼重要，對他卻很有意義，你看得出宗教如何讓他維持平靜。我認識的人當中，平靜的不多。

所以我繼續去探望他。我們聊天。我們翻閱他從前講道的稿子，討論它們應用的範疇。我發現我可以和大法師分享任何事。他有一種本領，只要他望進你的眼睛，就會讓你覺得全世界都停下來，整個世界只有你。

或許這是他從事這件工作的天賦。

或許這是這件工作帶給他的禮物。

無論如何，近來他聆聽別人說話的時候特別多。他自從在資深拉比的職位上退休以來，開會與處理文件的工作量減少了。教會與他最初來到的時候已不可同日而語，如今自行運作得相當好。

事實上，他大可去氣候溫暖的地方過退休生活，譬如佛羅里達、亞利桑納。但他從沒有考慮這麼做。有一次他到邁阿密參加一個退休人員大會，看到好多位老同事都住在那兒，他大惑不解。

「你們為什麼離開你們的會眾？」他問。

他們說，不能上講壇，令人傷心；也有人說，新來的神職人員不希望他們留下來。

這位常說「自我」是神職工作者最大威脅的大法師，不那麼眷戀過去擁有的一切。一旦退休，他就自動搬出大辦公室，換到小房間去。安息日早晨，他放棄了高台上他最喜歡的椅子，坐到教堂後排，他妻子身旁。會眾為之目瞪口呆。

但就像美國總統亞當斯（John Adams）卸任後回家務農，大法師也不過就是退居人群之中。

# 大法師一九五八年的一段講道

一個小女孩放學回家，帶著她在課堂上畫的圖畫。她跳著舞進到廚房，母親正在做晚餐。

「媽，妳猜這是什麼？」她揮舞著那張畫，尖聲喊道。

母親頭也沒抬。

「什麼？」她道，顧著她的鍋子。

「猜猜看嘛？」孩子重複說著，並揮舞著那張畫。

「什麼啦？」母親說，顧著她的盤子。

「媽，妳沒有在聽。」

「親愛的，我在聽著。」

「媽，」孩子說：「妳沒有用妳的眼睛聽。」

# 亨利的故事

他牢獄生活的第一站，是位在東河裡的萊克斯島，附近就是拉瓜迪亞機場的跑道。離家才幾哩路，近得讓人痛苦，這事實只提醒了他：是自己的愚行把他困在牆的這一邊。

在萊克斯服刑期間，亨利看到他但願永遠不要看見的東西。他看見獄犯攻擊其他獄犯，加以凌虐，用毯子包住受害者的頭，不讓他們看見下手的人。有一天，一個曾經和亨利發生過爭執的人，走進牢房，給了亨利當頭一拳。兩星期後，那個人企圖用磨尖的叉子刺殺亨利。

這期間，亨利一直想高聲吶喊自己是無辜的，但這麼做有什麼用？人人都自稱無辜。過了大概一個月，亨利被送到紐約州北部的艾密拉感化院，一座警衛最嚴密的監獄。他很少進食，幾乎不睡覺，接連不斷抽著香菸。一個炎熱的晚上，他滿身大汗醒來，起身去倒一杯冷水喝。然後睡意消退，他看見鐵門。他倒在床上，哭了起來。

那天晚上，亨利問上帝，他為什麼沒有在嬰兒時期就死掉。一道光閃過，引起他注意。

他的視線落在一本聖經上。他一翻開，正好是《約伯記》；在那一頁上，約伯詛咒他出生的那天。

那是他第一次覺得天主在跟他說話。

但他沒有聽。

# 6月

## 社區

吃完哈密瓜，大法師和我轉移陣地，到他辦公室去。辦公室裡的箱子、紙張、信件、檔案仍處於混亂狀態。如果他身體好一些，我們可以去散步。他喜歡在住家附近走動。不過他也承認，最近他對鄰居沒那麼了解了。

「我在布朗士區成長時，」大法師說：「所有人都互相認識。我們那棟公寓就像一家人，大家守望相助。

「記得我小時候有一次，我餓得不得了，一輛載水果和蔬菜的卡車停在我們那棟樓前面。我去推撞那輛車，希望有一顆蘋果掉到我手裡。想說這麼做不算偷竊。

「忽然，我聽見頭頂上有個聲音，用希伯來文對我喊道：『奧勃特，不可以！』我跳了起來。我以為那是上帝。」

結果是誰呢？我問。

「住在樓上的一個太太。」

我笑起來。不是上帝嘛。

「確實不是。但是，米奇，我們都是彼此生活的一部分。如果有人即將失足，別人可以拉住他。

「這就是『會眾』隱含的重要觀念。我們稱之為Kehillah Kedoshah（神聖的社區）。我們已經失去了它。往郊區居住的生活形態，造成了很多改變。每個人都有車。每個人時間表上都排了一百萬件事。你怎麼幫鄰居守望？如果還有家人可以坐下來一起吃頓飯，就很幸運了。」

他搖了搖頭。大法師大致上是個跟得上時代的人。但我看得出來，他一點也不喜歡這種形式的進步。

儘管如此，即使退休了，大法師也自有辦法把他自己的神聖社區聚攏在一起。一天又一天，他瞇著眼從鏡片底下看著手寫的地址簿，電話一通一通撥。他家的電話機是孫子孫女送的禮物，有特大號的黑白數字鍵，讓他撥起號碼來更輕鬆。

「哈囉，」他開口說：「我是奧勃特．路易斯，我找……」

他記錄別人的重要日子，各種紀念日和退休日，並在這些日子打電話。他記得近來誰生了病或誰長年患病──然後打電話給他們。他耐心地聽人家一遍又一遍訴說他們的歡喜與憂愁。

他特別費心記得打電話給年紀最大的會眾，因為他說：「這讓他們覺得還有歸屬。」我不知道他說的「他們」是否也包括了他自己。

相形之下，我每星期要跟幾百個人交談，但我大部分是透過電子郵件或簡訊連絡。我和我的黑莓機寸步不離。我的對話通常只有幾個字：「明天打給妳」或「到時見」。我保持通話簡短。

大法師不發簡訊，也不寫電子郵件。「電子郵件怎麼看得出有沒有問題？」他說：「他們可以隨便亂寫。我要看到他們本人，要不然至少得聽到他們說話。若看不見也聽不見他們，我怎麼幫助他們？」

他吁口氣。

「當然，想當初……」他說。

忽然他又開唱：

「想當初……俺挨家挨户……」

我記得小時候大法師到我們住的那條街拜訪的情形。我記得，拉開窗簾，望出去，說不定就看見他的車停在外面。當然，時代不一樣了。從前，醫生會到家裡來看病，送牛奶的人把牛奶送到門口；沒有人需要保全系統。

大法師來安慰服喪的家庭。小孩離家出走或有人被解雇，他也會來。換做今天，你失去工作了，若能有一個為上帝工作的人坐在你家餐桌旁鼓勵你，那該多好？

然而，這種念頭就算稱不上侵犯個人隱私，似乎也已經過時了。沒有人願意冒犯你的「空間」。

你現在還到教友家去拜訪嗎？我問。

「除非他們請我去。」大法師答道。

有沒有教區以外的人打電話給你？

「當然有。就在兩星期前，我接到一通醫院打來的電話。那個人說：『有個垂死的婦人要求見拉比。』我就去了。

「到了那兒，我看見一個男人坐在椅子上，旁邊有個呼吸困難的女人在喘氣。男子問：『你是誰？你來做什麼？』

「『我接到電話。』我說：『有人告訴我，有人快死了，想跟我談話。』

「他生起氣來：『你看她這樣子，她能說話嗎？我沒打電話給你。**誰打的？**』

「我答不出來，只好由著他抱怨。過了一會兒，他冷靜下來，問道：『你結婚了嗎？』我說是的。他說：『你愛你的妻子嗎？』我說：『是的。』『你願意看她死嗎？』『只要還有活下去的希望，當然不願意。』

「我們談了將近一小時。最後我說：『我為你妻子唸一段禱告詞，你不介意吧？』他說他很感謝我這麼做。所以我做了。」

然後呢？我問。

「然後我就走了。」

我搖搖頭。他竟然花了一小時跟一個陌生人交談？我試著回想我上次做這種事是在什麼時候。我在想，我到底有沒有做過這種事。

後來查出來是誰打電話給你了嗎？我問。

「嗯，沒有正式確認。但離開醫院的時候，我看見一個我前幾次來訪見過的護士。她是個虔誠的基督徒。我看到她，我們四目相接。她一個字也沒說，我卻知道就是她。」

且慢，一個基督徒護士打電話找猶太拉比？

「她看到那個男人在受苦。她不希望他孤獨。」

她膽子可真大。

「是啊。」他道：「而且她的愛也很大。」

# 再來一小段過去

奧勃特·路易斯的修煉也許已經到了基督徒護士會打電話找他求助的程度，但宗教偏見通常並不那麼容易超越。記得摩西曾自稱是「外邦的寄居者」嗎？大法師一九四八年剛來到紐澤西州的哈頓高地時，也大可以把這個稱號做成招牌掛在門口。

那時候，這一帶是鐵路線經過的郊區，有火車西達費城，東抵大西洋。鎮上有八家教堂，但只有一家猶太會堂——姑且這樣稱呼它——而且還是用三層樓的維多利亞式住宅改裝湊合的。一條街上有一座天主教堂，另一條街上有座聖公會的教堂。這幾家教堂都有鐘塔和一道磚砌的門面，唯獨大法師的「聖堂」有門廊，一樓有廚房和臥室改裝的教室、做禮拜的大堂裡安裝電影院的舊椅子，屋子中央還有一座迴旋梯。

原始「會眾」大約由三十幾戶人家組成，有人開四十分鐘車來此。他們寫了一封信給神學院，苦苦哀求派一個拉比過來；如果找不到拉比，他們無以為繼，難於繼續運作，可能必須關門大吉。從猶太會堂成立之初，附近的基督徒就連署請願書表示反對。他們沒聽過猶太

「社區」的觀念，覺得它有威脅感。

奧爾一接下這份工作，就著手糾正外界的觀念。他加入當地的神職人員協會。他跟各種教派的神職人員交朋友。他到學校與教堂拜訪，努力消弭反感與偏見。

有些地方的人比較好說話，有些則否。

有一次，他坐在一座教堂的教室裡，向學生解說他的宗教。一個男孩舉手發問。

「你的角長在哪裡？」

大法師愣住。

「你的角長在哪裡？猶太人不是都長角的嗎？」

大法師嘆口氣，把男孩請到教室前面。他取下戴在頭上的小圓帽（又叫基帕〔kippah〕），要男孩用手在頭髮裡摸索。

「你摸到角了嗎？」

男孩繼續摸。

「還在找。是嗎？」

孩子終於停手。

「沒有角。」他小聲說。

「哦。」

男孩坐下。

「我剛才講到哪兒了？」大法師道。

還有一次，大法師邀請一位聖公會的牧師對他的會眾演講。他們兩人交情不錯，大法師認為，神職人員到彼此的會堂交流是件好事。

那是星期五的晚間禮拜。唱完祈禱文，他就介紹那位牧師給大家。他走上講壇。會眾安靜下來。

「我很高興來到這裡。」他道：「我也要感謝拉比邀請我……」

忽然之間，淚水湧進他眼眶。他盛讚奧勃特·路易斯是個好人，說到情緒激動處，脫口道：「所以請大家一定要幫助我，讓你們的拉比**接受耶穌基督做他的救主**。」

一片死寂。

「他是個可愛的人。」牧師口氣中帶著遺憾：「**我不希望他下地獄……**」

又一陣死寂。

「求求大家，**讓他接受耶穌基督吧。求求你們……**」

在場的人永遠不會忘記那次禮拜。

還有一次，大法師自己的一位會眾，一個名叫昆特．崔佛斯的德國移民，在大節期禮拜中途跑進來，把大法師拉到一旁。

昆特臉色灰敗，聲音在發抖。

「出了什麼事？」大法師問道。

顯然幾分鐘前，昆特在外面監督停車事宜。天主教的神父怒氣沖沖跑過來，大聲抱怨他的教堂四周停了好多輛車，那天是星期天，他要把車位保留給他的教友。

「把車子開走。」昆特說那位神父吼道：「你們這些猶太人，馬上來開車！」

「但今天是大節期啊。」昆特說。

「你們為什麼一定要把它訂在星期天？」神父咆哮。

「這日子是三千年前就訂好的。」昆特答道。他是新移民，說話帶有德國口音。神父怒目睹著他，然後說了一句讓人無法置信的話。

「他們消滅你們消滅得還不夠。」

昆特氣壞了。他的妻子在集中營關了三年半。他很想把神父痛打一頓。謝天謝地有人阻攔。渾身發抖的昆特，回到會堂裡來。

第二天，大法師打電話給負責管理這一區所有天主教教堂的主教，告訴他事情經過。又隔一天，電話鈴響了。那位神父來電話，詢問他能否過來談談。

大法師在辦公室門口迎接他。他們坐下。

「我要道歉。」他說。

「是。」大法師道。

「我不該說那種話。」

「確實不應該。」大法師道。

「我的主教有個建議。」神父道。

「建議什麼？」

「嗯，你知道，我們的天主教學校現在正在上課。但馬上就要下課了……」

大法師聽著。

然後他點點頭，站起身。

於是，下課鐘響，教室門打開，孩子們衝出來時，只見利馬聖玫瑰堂的天主教神父與和平之家聖堂的猶太拉比挽著手臂，在校園裡散步。

有的孩子猛眨眼。

有的孩子看得目瞪口呆。

但所有人都把這一幕看在眼裡。

你或許會覺得這種停戰方式挺尷尬的，兩個大男人被迫挽著手，在校園裡走。你或許會以為，某種敵意會潛伏在他們兩人之間。但久而久之，他們也成了朋友。許多年後，大法師還進了那座天主堂。

去參加神父的葬禮。

「我應邀去幫忙司祭。」大法師回憶道：「我為他唸了一段祈禱文。我想，那時候，他說不定還覺得滿不錯的。」

# 亨利的故事

常有人告訴亨利「耶穌愛你」，這想必是真的。因為他總是得到第二次機會。

坐牢期間，亨利拳擊打得不錯，在一場重量級比賽中獲勝。他書也讀得夠好，拿到相當於二專畢業的副學士學位，雖然他連國中畢業證書都沒有。

出獄後，他找到一份消毒除蟲的工作。他和交往多年的女友安娜特結婚，有一小段時間，他們過著循規蹈矩的正常生活。安娜特懷孕了，亨利想要個兒子。

後來有天晚上，他回家時，符她痛得直不起腰。他們急忙趕到醫院。孩子出世了，早產三個月，一個好小好小的男孩，體重不到一磅。他們為他取名傑瑞爾。醫生警告說，他活命的機率微乎其微。但亨利把孩子托在他大大的手掌心裡，親吻他的小腳。

「我的兒子。」他低聲道。然後他向上帝求助：「讓他活下去。求求你，讓他活下去。」

五天後，嬰兒死了。

亨利曾經是個問題兒童、不良少年、社會敗類。

亨利甚至也販毒，並為此付出代價。

亨利和安娜特把孩子葬在長島一座墓園裡。有一陣子，亨利懷疑這是上帝為了他過去的行徑而懲罰他。

但不久他就變得怨天尤人。他事業失利，房子被查封，眼看販毒的哥哥手裡的百元大鈔比他手頭的一元鈔票還多，亨利拋棄了上帝，放棄了第二次機會，重操舊業，又開始作奸犯科。

亨利先開始販賣少量的毒品，然後量變大，分量愈來愈多。錢進來得很快。不久他就以大哥自居，自吹自擂，發號施令。他買了華麗的衣服，頭髮做起造型。人家有求於他的時候，他還真的逼他們下跪。只有見到母親帶著孩子來時，他的態度才會軟化。他們願意用任何東西向他交換毒品：剛採買的日用品，有時甚至是小女嬰的小耳環。

「留著吧。」他說，然後遞給她們一小包毒品。「但那個耳環現在是我的了。每次妳來我這兒，我都要看到寶寶戴著耳環。」

八〇年代中期，亨利月入數萬美金。他把毒品賣到奢華的派對上，客戶大都是法官、律師等「可敬的」人物，甚至還有警察下了班來參加。亨利冷眼笑看他們的軟弱和自己短暫的權力。但，有天晚上，他犯了一個常見卻致命的錯誤，他決定試用一點自己的產品。

那是懸崖。他飛了出去。

不久，亨利就對自己經手的毒藥上了癮，成天只想迷失在快克古柯鹼的雲霧裡。他經常把應該出售的產品拿來自用，又編一大堆異想天開的藉口來掩飾。

好比有一次，他在手臂上燙了好幾個香菸洞，向大盤謊稱自己遭受酷刑，毒品被奪走了。

還有一次，他要一個朋友用點二五口徑自動步槍射擊他的腿，好讓他對大盤說他遇到搶劫。他們還真跑到醫院去，要求看他的傷口。

一個運氣不好的晚上，他吸了毒，很亢奮，需要更多錢，便帶著另外幾個人，包括他的外甥和姊夫，開一輛敞篷車到布魯克林的卡納西去。他們的打劫手法是把車開到沒有防備的獵物身旁，跳下車，拿到錢，開車就跑。

這回碰到一對老夫婦。亨利跳下車，拿著槍在他們面前揮舞。

「你們知道這是啥！」他喊道。

老婦人尖叫。

「閉嘴，否則我把妳腦袋轟掉。」他咆哮道。

老夫婦交出現金、珠寶、手錶。他們蒼老的臉孔，亨利看著覺得不安，一陣良心悸動。但他沒有停手，不久，他們的車就在鄰區的福拉特蘭大道上飛馳。

這時警笛響起。警車燈閃爍。亨利高聲喝令他外甥繼續往前開。他搖下窗戶，把得手的東西全扔了出去。珠寶、錢，甚至他們的槍。

沒多久，警車超過了他們。

到了警察局，亨利跟一群嫌犯排隊接受指認。他等著。警察把那個老人帶進來。

亨利知道自己完蛋了。

老人一指認他，亨利就會被起訴、定罪、面臨十五年徒刑。他熟悉的生活就此結束。他幹嘛冒這種險？這下，他真是把一切都扔到窗外去了。

「是不是這個人？」警察問。

亨利吞了一口口水。

「我不確定。」老人喃喃道。

什麼？

「再看一眼。」警察說。

「我不確定。」老人說。

亨利不敢相信他聽到的話。這個人為什麼不指認他？他曾經拿一把槍**對著他**揮舞耶。

由於無法確認是他犯案，亨利被釋放了。他回到家，躺下來。他告訴自己，這是上帝的安排。上帝大發慈悲，上帝要再給他一次機會。上帝要他別再搶劫，別再吸毒，也別再恐嚇別人。

或許這是真的。

但他還是不聽。

# 現在是一九七四年……

我在我的教會高中。上課主題是「紅海分開」事件。我打了個呵欠。這還有什麼好學的?我聽過一百萬遍了。我看著教室另一頭我喜歡的女孩,想著若要引起她注意會有多難。

「關於這個,有一條《塔木德》的註解。」老師說。

哦,好吧,我心想。老師這樣說,意思就是要翻譯,而這會是緩慢而苦不堪言的過程。但隨著故事進展,我開始專心。

以色列人平安渡過紅海後,追趕他們的埃及人都淹死了。上帝的天使要來慶祝敵人的滅亡。

註解上說,上帝看到這情形,非常生氣。他說的話大意是:「不可慶祝。那些人也是我的孩子。」

那些人也是我的孩子。

「你們對這一點作何感想?」老師問我們。

有人答了話。但我知道自己的看法。我想，這是我第一次聽說，上帝不僅愛我們，也愛「敵人」。

此後的許多年，我將會忘記那堂課，忘記那位老師的名字，忘記教室另一頭的女孩。但我將會記得這個故事。

# 7月

## 最重要的問題

根據我所受到的教導，任何對話中至少包含三方：你、另一個人、上帝。

這個教誨，在一個夏日浮出我心頭。我人在那間小辦公室裡，大法師和我都穿著短褲。我光著的腿滿是汗水，黏在綠色的皮椅上。我抬起腿，發出「嚓」的一聲。

大法師正在找一封信。他掀起一個墊子，然後翻起一個信封，然後翻起一疊報紙。我知道他永遠找不到。我覺得他辦公室混亂的情形已經成為一種生活方式，一種使世界保持趣味盎然的遊戲。等待的時候，我瞥了一眼書架下層那個標示「上帝」的檔案。我們還沒有打開它過。

「唉。」他說，決定放棄。

我可以問你一個問題嗎？

「問吧，年輕的學者。」他欣然道。

你怎麼知道上帝存在？

他頓了一下。一抹笑容悄悄爬上他的臉。

「這問題好極了。」

他用手指捏著自己的下巴。

答案呢？我說。

「首先，舉證否定他的存在。」

好啊，我說。我接下他的挑戰。這麼說好不好？我們生活的世界裡，基因可以圖解，細胞可以複製，容貌可以改變。哼！動幾次手術，就可以從男變成女。科學告訴了我們地球如何誕生；火箭探測船探索宇宙。太陽已失去神秘感。至於大家一度崇拜的月亮呢？我們把它的一部分裝在袋子裡帶回了地球，不是嗎？

「繼續。」他說。

那麼，為什麼，在如今這麼一個把曾經極其神秘的問題全部解決了的地方，還有人相信上帝、耶穌、阿拉等超自然的存在呢？我們還沒有超越信仰的層次嗎？這不就像小木偶皮諾丘，他發現了自己不靠繩子就能動作後，對老木匠的看法還會一樣嗎？

大法師輕拍幾下手。

「說得很好。」

是你要求我舉證說明的呀。

「哦。」

他俯身過來：「現在，輪到我了。聽著，如果你的意思是說，科學總有一天會證明上帝不存在，我必須提出異議。不論他們把東西分解成多麼小，蝌蚪、原子，每一項研究的終點都還有無法解釋的東西，總歸有某種東西在幕後創造了所有的一切。

「而且不論他們如何朝另一個方向發展，延長生命，擺弄基因，複製這個，複製那個，活到一百五十歲——在某個階段，生命總要結束。然後怎麼樣？生命結束的時候？」

我聳聳肩膀。

「懂了吧？」

他往後一靠。滿臉笑容。

「人來到終點，上帝就開始了。」

很多偉大的思想家都試圖否定上帝的存在。有時候，他們撤退到相反的觀點。以文字討論信仰並且寫得頭頭是道的魯益師（C. S. Lewis），一開始也曾經與「上帝」這個觀念角力，自比為「全英國最氣餒、也最不情願改變信仰的信徒」。大科學家巴斯德（Louis Pasteur）嘗試用數據與研究來否定神的存在；到頭來，人體的偉大構造反而使得他相信有神。

最近出版了大量書籍宣稱「相信有上帝」是個愚蠢的觀念，一派胡言，是給軟弱心靈的萬靈丹。我以為大法師會被這些論調激怒，但他從沒有不悅過。他了解，信仰的旅程不是一條輕鬆好走的直線，甚至有時是違反邏輯的。他尊重有憑有據的論點，即使他毫不同意。

對我來說，那些大喊上帝不存在的作者或名流，總令我好奇。他們說這種話的時候，通常都身體健康、廣受歡迎、群眾願意聽他們說話。我很想知道，等到死前安靜的一刻，會發生什麼事？那時他們已失去舞台，世界卻還在運轉。誰知道他們會不會在吐出最後一口氣時，出於恐懼、或眼前出現異象、或者是遲來的覺悟，竟然改變了對上帝的看法？

大法師從一開始就是有信仰的人，這一點毫無疑問。但我也知道，他對上帝允許地球上存在的某些事並不欣賞。多年前，他失去過一個女兒。這件事撼動了他的世界。他每次去拜訪那些一度身強力壯、如今卻無助地躺在醫院病床上的會眾，經常會流淚。

「為什麼有這麼多痛苦？」他仰望蒼天說：「把它們拿走吧。痛苦有什麼意義呢？」

有次我問大法師一個最常聽人提出的信仰問題：為什麼災禍會降臨在好人頭上？這問題曾經以無數種方式回答過無數次；在書本裡、講道詞中、網站上，以及含淚的擁抱裡。**主把她召喚到身邊……他在做最喜歡做的事的時候去世……她是天賜的禮物……這是一場考驗……**

我記得有位家族老友，他的兒子突如其來罹患不治之症。此後，在所有舉行宗教儀式的場合上，甚至包括婚禮，我都看見那位先生站在門口，不肯入內參加儀式。「我再也聽不進那種話。」他說。他喪失了信仰的心。

我問大法師，為什麼災禍會降臨在好人頭上？他沒有提出上列的標準答案。他只低聲說：「沒有人知道。」他能這麼說，令我很佩服。但當我問他，他對上帝的信心可曾因此動搖，他的態度很堅定。

「我不能動搖。」他說。

當然可以啊，你只要不相信有那麼一個無所不能的上帝就好了。

「那就是無神論。」他說。

是的。

「這麼一來，就可以解釋為什麼我的禱告沒有應驗了。」

對啊。

他仔細端詳我，深深吸一口氣。

「我曾經看過一個抱持無神論的醫生。我有沒有跟你提過這個人？」

沒有。

「那位醫生喜歡戳我的身體，也喜歡戳我的信仰。他常常故意把我看病的時間約在星期六，使得我必須打電話給櫃臺小姐，說明我因為宗教的關係不能赴約。」

好傢伙，我說。

「總而言之，有一天，我在報上讀到他弟弟去世了。所以我打了一通慰問的電話。」

他用那種方式對待你，你還打電話去？

「幹我這一行，」大法師說：「不流行報復別人。」

我笑起來。

「所以我到他家去，他接見我。我看得出他很難過。我告訴他，我很遺憾他失去親人。他滿面怒容說：『我嫉妒你。』

「『你為什麼嫉妒我？』」我說。

「『因為你如果失去你愛的人，可以詛咒上帝。你可以咆哮。你可以怪罪他。你可以要求知道原因。但我不相信上帝。我是個醫生！卻救不了自己的弟弟！』

「他眼看就要流淚。『我能怪誰？』他一再問我。『沒有上帝。我只能怪自己。』」

大法師表情很嚴肅，好像有無限痛苦。

「他那樣，」他低聲說：「是非常嚴重的自我控訴。」

比禱告得不到回應更糟？

「哦，是的。比較起來，認為上帝聽到了但是不答應，會比除了自己再無別人可信要來得讓人安心。」

# 亨利的故事

他快要過三十歲生日了，一個罪犯，毒癮纏身，對上帝撒謊。他有個妻子；這無法使他回頭。他有個女兒；這無法使他回頭。他的錢沒有了，華麗的服飾沒有了，不再做造型的頭髮變得粗糙；這些都無法讓他歇手。

某個星期六的晚上，他迫切需要吸毒。於是他和另外兩人開車到皇后區的牙買加，去找他唯一想得到的又有錢又有貨的人——那個曾經雇用他的毒販。

他敲他們的門。他們來應門。

他掏出一把槍。

「你幹什麼？」他們無法置信。

「你們知道這是什麼。」他說。

那把槍連撞針都沒有。還好那群毒販不知道。亨利揮著槍，咆哮道：「拿來。」他們就把錢、珠寶和毒品都給了他。

他和他的朋友駕車離開，他把錢和珠寶都給了他們，只把毒藥留給自己。他的身體只要那玩意兒。他滿腦子只想著這件事。

那天稍後，亨利吸夠了毒，也灌下一大堆黃湯，妄想症開始發作，他發覺自己犯了多麼愚蠢的錯誤。受害者認識他，知道他住哪兒，他們一定會報復。

亨利立刻拿起那支獵槍，衝出前門，躲在一排垃圾桶後面。他妻子很困惑，也很害怕。

「出了什麼事？」她問，哭了起來。

「把燈關掉！」他吼道。

他看見女兒在門口張望。

「待在屋裡！」

他等待著，渾身發抖。他有種感覺：曾經躲過那麼多麻煩，今天終於跑不掉了。會有一輛車開到他住的這條街上，一陣亂槍掃射要走他的命。

所以，最後一次，他向上帝求助。

「你願意救我嗎，耶穌？」他低聲道：「如果我保證把自己交給你，今晚你願意救我嗎？」他泣不成聲，呼吸沈重。如果做了這麼多壞事之後，他還有資格禱告，這一次可說是他最真誠的禱告了。「聽我說，耶穌，求求你……」

他曾經是個問題兒童。

不良少年。

社會敗類。

這樣的靈魂，還能得救嗎？

我在這世上只接受一種暴君，
那便是內心寂靜的聲音。

——甘地

# 8月

## 爲何有戰爭？

夏季過得很快。報紙頭版全是伊拉克戰爭的報導，以及一個關於阿拉巴馬州某法院把「十誡」立在門口的論戰[11]。我開始在不必拜訪大法師的日子打電話給他。他的聲音聽起來總是樂觀昂揚。

「是底特律呼叫嗎？」有時他開口就這樣問。

或說：「拉比熱線，請問需要哪方面的服務？」

這使我對於自己有時候接電話的方式（倉促一聲「喂」，彷彿被人問到一個我不願意回答的問題）感到慚愧。我認識大法師的這段時間，從沒有聽他說「我再打電話給你」。一個在道義上要照顧那麼多人的人，當真能在每一個人有需要的時候都撥出足夠的時間給他們，令人嘆服。

八月底的一次造訪，與大法師結褵六十年的妻子莎拉來應門。她是個心地善良而健談的人。她帶我到大法師的辦公室，只見他已端坐在那兒，無視夏季的酷熱仍穿著長袖襯衫。他絨毛似的白髮梳得服貼整齊，但我注意到他沒有起身，只張開手臂讓我擁抱他。

你還好吧？我說。

他攤開手掌，往兩側揮一揮。

「這麼說吧。我沒有昨天那麼好，但—ㄢ—ㄢ—是……會比明—ㄥ—ㄥ—天好……」

你和你的歌都會，我說。

「啊。」他笑道：「我來唱歌，你來和……」

我坐了下來。

他書桌上攤著一份報紙。大法師關心時事，他盡可能跟上新聞。我問他，他認為伊拉克戰爭會打多久，他聳聳肩膀。

你這一生經歷過不少戰爭，我說。

「是啊。」

可曾有什麼戰爭是比較有意義的？

「沒有。」

我們都認為，這一場伊拉克之役特別讓人不安。自殺炸彈，隱藏的炸藥。坦克車這樣開過來輾過去的，這不像舊式戰爭，我說。

「但是，米奇，即使在這個恐怖的新時代，」大法師指出：「你還是能找到人類小小的善行。幾年前我到以色列去探望我女兒，遇到一件事，至今無法忘懷。

「我坐在陽台上，聽見了爆炸聲。我一轉身就看見旁邊的購物區冒出一股濃煙。就是那種可怕的……呃……怎麼稱呼它？」

炸彈？汽車炸彈？

「就是那個。」他說：「我從公寓裡跑出來，盡可能快跑。跑到那兒時，一輛車停在我面前。一個年輕人跳下車。他穿著一件黃背心，所以我就跟著他。

「我趕到出事現場，就看見炸毀的車。有個女人顯然在洗衣服；她是喪生者之一。「然後，在那裡，在街上……」他吞一口口水：「那兒……街上……很多人在撿她身體的碎片。他們很小心，把所有碎片都收集起來。一隻手。一根手指頭。」

他低下頭。

「他們戴著手套，每一個動作都非常慎重。這兒一塊腿，那兒一片皮膚，甚至血跡。你知道為什麼嗎？他們遵守宗教律法，律法上說，身體的每一片都要葬在一起。他們把生命放在死亡之前，即使面對這種……這種暴行……因為生命是上帝給我們的，你怎麼能把上帝給的一片禮物丟在街上？」

我聽說過這個團體，叫做ＺＡＫＡ——穿黃背心的志願工作者，他們希望做到讓死者受到尊重。他們趕到現場的速度有時比醫療人員還快。

「我看到這一幕，不禁哭了。」大法師說：「我當場流下淚來。這需要多大的慈悲。那份信念。撿拾死者的碎片。我們就是這樣的人，美麗的信念。」

我們默然對坐了一分鐘。

為什麼人要殺人？最後我問道。

他伸出兩手的食指，輕觸自己的嘴唇。然後他滾動轉椅，慢慢向一堆書移動。

「等我找一樣東西出來……」

奧勃特．路易斯在第一次世界大戰期間出生。二次世界大戰期間，他在神學院就讀。他的會眾裡有很多老兵和猶太浩劫的倖存者，有些人手腕上還留有集中營的刺青編號。

多年以來，他目睹年輕的會眾離開，走向韓戰與越戰。他的女婿和外孫兒女都在以色列陸軍服過役。戰爭不曾須臾離開他的心思，戰爭的後果亦然。

一九六七年以阿戰爭後，有一回，他到以色列旅行，隨著一個團體參觀北部邊界的一區，在許多廢棄的建築物之間閒逛。就在一棟毀於戰火的房屋廢墟裡，他發現一本阿拉伯小學的課本丟在地上。書本正面朝下，封面已不見了。

他把書帶了回家。

現在他把那本書放在腿上。這就是他剛才說要找的東西。一本將近四十年前的小學課本。

「拿去。」他把書遞給我：「從頭到尾看一遍。」

書已支離破碎，裝訂都鬆散了。最後一頁破了，而且邊緣捲起，上面有以漫畫筆觸畫的小學女生、一隻貓和一隻兔子，還用蠟筆著了色。這本書很明顯是供很小的小孩使用，從頭到尾都是阿拉伯文，我一個字也看不懂。

你為什麼把它留下？我問。

「因為我要它提醒我，那兒發生了什麼事。那棟房子空了。那兒的人離開了。

「我覺得我一定得搶救一點什麼。」

大多數宗教都警告世人，不要輕啟戰端，但是為了宗教開打的戰爭，恐怕比為了其他原因而起的戰爭都來得多。基督徒殺猶太教徒，猶太教徒殺伊斯蘭教徒，伊斯蘭教徒殺印度教徒、印度教徒殺佛教徒、天主教徒殺基督新教徒、東正教徒殺異教徒——這份名單上的各路人馬，顛倒過來、打散重組，也照樣成立。戰爭從未結束，只是暫停。

我問大法師，這麼些年來，他對於戰爭與暴力的看法可曾改變？

「你記得索多瑪與蛾摩拉這兩座城市嗎？」他問。

是啊。我記得。

「所以你知道，亞伯拉罕發現那兒的人很壞。他知道他們卑鄙惡毒。但他怎麼辦？他跟上帝辯論說不要毀滅這兩座城市。他說，如果城裡有五十個義人，你可以饒恕他們嗎？上帝說好。然後他又減到四十人，接著三十人。他根本就知道好人沒那麼多。他一再討價還價，一直減到十個人才罷休。」

但還是湊不出來，我說。

「還是湊不出來。」大法師承認：「但你知道嗎？亞伯拉罕的直覺是對的。你必須先**反對**戰爭，反對暴力與毀滅，因為這不是正常的生活方式。」

可是有那麼多人假藉上帝之名發動戰爭。

「米奇，」大法師說：「上帝不要這種殺戮繼續下去。」

那為什麼殺戮還不停止？

他挑起眉毛。

「因為是人類要的。」

他說得對，當然對。你可以聽見人類的戰鼓聲。冤冤相報。寬容備受嘲弄。多少年來我總是聽到人們說我們這一邊是對的；在別個國家，跟我同年齡的人聽到的是反過來的話。

「我把那本書送給你，是有原因的。」大法師道。

什麼原因？

「打開它。」

我翻開書。

「多翻幾頁。」

我逐頁翻動，掉出三張小小的黑白照片，褪了色，沾滿沙土。

一張是個年紀較大的黑髮婦人，阿拉伯人，像個家庭主婦。一張是個蓄八字鬍的阿拉伯青年，穿西裝打領帶。最後一張是兩個小孩並肩而立，看來是一對兄妹。

他們是什麼人？我問。

「我不知道。」他的聲音很低。他伸出手，我把兩個孩子的那張照片遞給他。

「這些年來，我不斷看見這兩個小孩，那位母親和她的兒子。所以我始終沒有扔掉這本書。我覺得我必須設法讓他們繼續活著。

「我希望有一天，有人看到這些照片，會說他們認識這家人，替我把照片交還給在世的人。但我快沒有時間了。」

他把照片又交給我。

且慢，我說。我不明白。從你的宗教觀點出發，這些人應該是敵人。

他聲音帶著怒火。

「敵人，屁個敵人。」他說：「這是一**家人**。」

# 大法師一九七五年的一段講道

有一個人到農場去找工作。他把推薦信交給新雇主。信寫得很簡單：「他在暴風雨中沈睡。」

農場主人急需幫手，所以就雇了這個人。

幾星期過去。有個深夜，一場猛烈的暴風雨橫掃整個山谷。大雨傾盆，狂風怒號，主人被驚醒，跳下床。他叫喚新雇用的長工，但那人熟睡不醒。

於是他衝到畜欄去。很驚訝地發現，動物都很安全，而且有足夠的飼料。

他跑到外面田裡去。只見麥子都捆好了，而且罩上了防水的油布。

他跑到穀倉去。門都拴好了，穀物也都乾燥。

他這才明白。「他在暴風雨中沈睡。」

朋友們，只要我們照顧好人生中重要的事，公正對待我們愛的人，一言一行不偏離我們的信仰，就不用怕我們的人生會由於心願未了而心痛遺憾。我們的話語發自肺腑，我們的擁抱緊實有力。我們永遠無須爲了「我本來可以如何如何，我應該如何如何」而痛苦折磨。我們可以在暴風雨中沈睡。

最後一刻來臨時，我們的告別將會圓滿。

# 亨利的故事

亨利．柯文頓那天晚上沒睡覺。

但他也沒死。

他打劫的那群毒販不知怎麼回事，一直沒找到他；他住的那條街上，車輛來來去去，沒有一輛發射過一顆子彈。他躲在垃圾桶後面，緊緊抓住獵槍，一遍又一遍重複他的問題。

「**你願意救我嗎，耶穌？**」

他沿襲著人類可悲的傳統，非要到所有其他手段都失敗以後才投靠上帝。他以前做過這種事，仰面向天祈求，但眼前困境一過，他就又回去製造新的麻煩。

但這一次，太陽升起時，亨利．柯文頓把獵槍塞到床底下，躺在妻子和孩子旁邊。

這個星期天是復活節。

亨利回顧自己的人生。他偷過、搶過、騙過、對人揮過槍。他把所有的錢揮霍在毒品上，他曾經淪落到——有一次，他有一小撮快克古柯鹼，卻沒有工具可以吸食，所以他滿街搜尋，終於撿到一根菸蒂。這根菸蒂可能被隨便什麼人踩過，狗兒可能在上頭撒過尿。但無所謂。他把菸蒂塞進嘴巴。他非要不可的東西就是非要不可。

現在，復活節的早晨，他忽然非要得到另外一種東西不可。很難解釋。就連他的妻子也不懂。一個熟人帶著海洛因來訪。亨利的眼睛想要它，他的身體渴望它。但他只要一吸食就會送命。他知道，他非常確定。先前，他在垃圾桶後面的黑暗裡把一生交給了上帝；這會兒，才過了幾個小時，就出現他的第一個考驗。

他叫那個人走開。

然後亨利走進浴室，雙膝落地，開始禱告。禱告完畢，他咕嘟咕嘟灌下一瓶NyQuil感冒糖漿。

第二天，他又灌了一瓶。

第三天，他再灌一瓶——這是為了在自行解毒的過程中麻痺自己。過了三天，他才能把一點食物放進嘴裡。過了三天，他才終於下床。

三整天。

然後他張開了眼睛。

# 9月

## 幸福是什麼

大法師張開眼睛。

他在醫院裡。

這不是第一次。他有病痛通常都瞞著我，但最近幾個月來，我得知他想保持直立是有困難的。他曾經在人行道上滑倒，前額皮開肉綻。他也曾在家裡跌倒，撞傷脖子和臉頰。這次他是從椅子上站起來時摔倒，肋骨猛然撞上書桌。導致他摔倒的，可能是暈厥（短時間失去知覺）或小中風（瞬間心臟病發作，使他頭昏而失去方向感）。

兩者都不是好事。

我做了最壞的打算。醫院是通往終點的大門。我打過電話，詢問我能否來探病，莎拉和藹地表示，我可以來。

我在醫院門口打起精神。到醫院探病這件事所包含的種種熟悉而令人難過的暗示，在我心中縈繞不去。消毒水的氣味。音量開得極低的電視。遮起的簾幕。偶爾從另一張床傳來的呻吟。我踏入過太多家醫院，探望過太多人。

好一陣子以來，我第一次想起我們的約定。

**幫我寫祭文好嗎？**

我走進大法師的房間。

「啊。」他微笑著從床上望過來：「客從遠方來……」

我不想那件事了。

我們擁抱——應該說是我抱他的肩膀，然後他摸摸我的頭——我們都說這是第一場醫院對話。他的袍子略微鬆開，我看到他裸露的胸膛，鬆軟的肉上長了幾根銀色的胸毛。我突然湧起一陣愧意，趕快把頭別開。

一個護士走進來，腳步輕盈。

「今天覺得怎麼樣？」她問。

「我—覺—得，」大法師歌聲輕快：「我—覺—得……」

她笑起來：「他隨時都在唱歌哪，這個人。」

是啊，他就是這樣，我說。

大法師隨時都能保持好脾氣，這真讓我覺得不可思議。他唱歌給護士聽，跟醫生開玩笑。昨天他坐著輪椅在走廊裡候診，有個醫院員工來尋求他祝福。於是大法師就將手按在那人頭上，給他祝福。

他不肯落入自憐當中。事實上，處境愈惡劣，他似乎就會花更多心思來讓周圍的人不至於因此難過。

我們坐在病房裡，電視螢幕上閃過一則抗憂鬱藥物的廣告。廣告中出現許多孤零無伴的人，有人獨坐一張長凳，有人瞪著窗外發呆。

「**我一直擔心不好的事會發生……**」電視旁白說。

展示過藥丸和一些圖表後，鏡頭又回到同一批人身上，這次他們看起來快樂多了。

大法師和我默默看著。廣告結束後，他問：「你想這藥丸有用嗎？」

沒那麼神奇，我說。

「是啊。」他同意：「沒那麼神奇。」

幸福裝在藥丸裡。這就是我們的世界。百憂解、帕羅西汀、贊安諾。砸下數十億元廣告這類藥物，又花數十億元購買它們。你不需要有什麼重大心靈創傷，只要「一般的憂鬱」或「焦慮」，就可以服用它們；彷彿悲傷如同感冒一樣，是可以治療的。

我知道憂鬱症實際上是存在的，它與很多其他病例一樣需要治療。我也知道這個字眼被我們濫用。很多所謂的「憂鬱症」其實是不滿足，由於把標準設到不可能達成的高度，或者希冀不勞而獲。我認識一些人，由於他們的體重、禿頭、工作不能晉升、找不到完美的另一半（雖然他們自己也不像完美的配偶），背負著不可承受的煩惱。這些人以為，不快樂是一種特殊狀態，是無法容忍的狀況。如果藥丸能解決，他們就吃藥。

但藥丸改變不了結構上的根本問題。渴求不可能擁有的東西，在鏡子裡找尋自我的價值，兜攬一件又一件的工作，卻仍然不明白為什麼沒有滿足感——然後做更多工作。

我懂。這些我都經歷過。曾經有一段時期，我工作到不眠不休的程度。我不斷追求成效。我賺到了錢，賺到了讚美。但，投入的時間愈多，我愈覺得空虛，就像是不斷加快速度把空氣打進一個破輪胎。

我與我的老教授墨瑞共度的那段時光，讓我對於這種做法踩了煞車。目睹他去世，看到他最後在意的是哪些事，我減少了工作量。我對自己的時間分配表設下了限制。

但我還是緊抓著人生的方向盤；我沒有把事情交給命運或信仰。遇到那些把日常生活交到神的手中，總是說著「如果是上帝的旨意，它就會實現」的人，我都避之唯恐不及。若有人說，他們唯一重視的人際關係就是他們和耶穌的關係，我會保持沈默。這樣的服從，在我看來很愚蠢。我以為我懂得更多。但私底下，我不能說我覺得自己比他們幸福。

所以我現在注意到，大法師必須吞服那麼多毫克的藥物，但他從來沒有為了要讓心情平靜而吃過一顆藥。他笑口常開，避免發怒。他從不懷疑「我為什麼生在世間」，他知道自己的人生目標。他說：要幫助別人、讚美上帝、享受並尊重他被安插於其中的這個世界。他的晨禱一開始總說：「主啊，感謝你把我的靈魂還給我。」

由此出發，每一天接下來的部分都是紅利。

可以問你一件事嗎？

「好啊。」他道。

幸福的條件是什麼？

「這個嘛……」他眼珠子打轉，在病房裡掃視一週：「此地不是回答這個問題的好地方。」

你說得對。

「另一方面……」他深深吸一口氣：「另一方面，在這棟建築物裡頭，我們必須面對現實。有些人會好轉，有些人不會。所以也可能，這兒反而是給那個名詞下定義的好地方。」

幸福嗎？

「沒錯。社會告訴我們，幸福必須具備哪些條件——新的這個那個、更大的房子、更好的工作。但我知道這種說法虛妄不實。我曾經輔導過很多擁有那些東西的人，我可以告訴你，他們並不因為擁有這些東西而幸福。

「多少婚姻在他們擁有全世界的一切之後瓦解。雖然擁有財富與健康，家人之間卻爭吵不休。擁有更多，不代表你不會還想要更多。如果你總是想要更多——更有錢、更漂亮、更有名——你就因小失大。我可以根據經驗告訴你，幸福永遠不會來臨。」

你不會是要叫我停下腳步，聞一聞玫瑰的花香吧？

他咯咯笑道：「玫瑰花會比這個地方好聞。」

忽然間，我聽見外面走廊裡傳來幼兒的尖叫聲，緊接著一聲「噓！」應該是來自他的母親。大法師也聽見了。

「嗯，」他道：「那個孩子讓我想起一則聖人的教誨。孩子剛生到世間，總把手握得緊緊的，對吧？像這樣？」

他握緊拳頭。

「為什麼？因為嬰兒不知道更好的辦法，他只想抓住所有的東西，他想要說：『全世界都是我的。』

「但是老年人去世的時候，他怎麼做？他把手攤開。為什麼？因為他學會了這一課。」

哪一課？我問。

他張開空空的手。

「我們什麼也帶不走。」

好一會兒，我們都瞪著他的手。他的手在顫抖。

「哎呀，你看見了？」他說。

是的。

「我沒辦法叫手不抖。」

他讓手落下，放在胸口。我聽見一輛推車沿著走廊推來。他的話語如此睿智，充滿熱力，一時間，我忘了我們身在何處。

「總而言之。」他說，聲音漸低。

我真不願意看他躺在那張床上。我要他回家，坐在亂糟糟的書桌前，穿著不搭配的衣服。我勉強擠出一個微笑。

那麼，閣下找到幸福的秘訣了嗎？

「我相信我找到了。」他說。

你要告訴我嗎？

「是的，準備好了嗎？」

準備好了。

「要滿足。」

就這樣？

「要感恩。」

就這樣？

「為你擁有的一切，為你獲得的愛，為上帝給你的一切，覺得感恩。」

就這樣？

他注視我的眼睛。然後深深嘆口氣。

「就這樣。」

# 夏末

那天我離開醫院，接到大法師的么女季拉打來的電話。她和我差不多年紀；我們從小學就認識，後來也多少保持聯繫。她是個有趣的人，溫暖而有主見，深愛她的父親。

「所以，他告訴你了嗎？」她怏怏不樂地問。

什麼？

「腫瘤的事。」

什麼？

「在他的肺裡。」

癌？

「他什麼也沒說嗎？」

我瞪著電話。

他什麼也沒說。

# 秋

# 教堂

底特律市中心的聰伯爾大道上有一座教堂，它面對一塊空地。這座龐然大物是一幢以紅磚與石灰岩建成的哥德式結構，看起來好像是被風從另一個世紀吹過來的。非常尖的高塔，拱形的大門，彩繪玻璃長窗中有一幅畫描繪使徒保羅在問：「我當怎樣行才可以得救？」

建築本身可以回溯到一八八一年，當年這一帶全是獨棟豪宅，住著富裕的長老會教徒。他們蓋了一座可以容納一千兩百人的教堂，會眾人數在美國中西部首屈一指。現在豪宅都不見了，長老會信徒也離開了。在這處貧窮而荒涼的小聚落裡，教堂彷彿已被遺忘。它的牆壁朽壞，屋頂搖搖欲墜，許多年來彩繪玻璃陸續失竊，有幾扇窗用木板釘了起來。

同一條街，再走半哩路，就是著名的老虎棒球場。我開車去老虎球場總會經過這座教堂，但我從來沒進去過。我沒見過任何人走進這座教堂。

就我所知，這地方已經廢棄了。

我即將有進一步的發現。

聰伯爾大道上的長老教會已有一百三十年歷史，而今已被遺忘。

大法師說出「**敵人，屁個敵人**」這種話使我大吃一驚之後，幾個月來，我不得不重新檢討自己的若干偏見。事實是，即使我致力於公益慈善事務，我心裡仍然把「我」這一邊和「別人」那一邊劃清界限——不論是從文化、族群或宗教的角度來說。我從小就學到一件事（很多人和我一樣）：慈善始於自己的家，首要之務在於幫助和自己同類的人。

但誰**才是**我的「同類」？我住的地方距我生長的地方很遠。我娶了一個不同信仰的女人。我是個白人，卻住在非裔人口占多數的城市。我在財務上很幸運，但我所處的底特律卻面臨破產。即將襲擊全美國的經濟蕭條，在我們居住的街上已露出端倪。工作機會以驚人的速度不斷減少。民宅被銀行收回。建築物荒廢。做為主要經濟來源的汽車工業正在瓦解，失業與無家可歸的人數激增，數字高得令人心驚肉跳。

有天晚上，我來到市中心一家基督教辦的收容所，打算在那兒待一個晚上，並寫下我的遭遇和體會。我排隊等著領取毛毯和肥皂。他們給了我一張床。我聽見一位牧師在講耶穌的道理——我很驚訝地發現，許多疲倦而用手托著下巴的人，仍然願意聽人家說他們如何能得救。

正當排隊領取食物的時候，有個人轉身問我，我是不是他猜想的那個人。

是的，我說。

他緩緩點點頭。

「那麼……？你出了什麼問題呢？」

那天晚上的經驗促使我成立了一個幫助遊民的慈善捐款。我們募款後，把錢分配給各區的收容所。我們以沒有經常性開銷和行政費用自豪，如果分配款的去向看不見、摸不著，我們就不再撥款。這意味著我們必須做很多趟面對面的訪視。

於是，一個潮溼的九月下午，我把車開到聰伯爾那座朽壞的老教堂前面。人家告訴我，教堂的牧師在此經營一家小型收容所。我來看看它是否需要協助。

一個交通號誌在風中搖晃。我下了車，用遙控器鎖上車門。教堂牆下擺著鋁製摺疊椅，就是一般人帶去海邊的那種便宜貨；一個男人和一個女人坐在那兒，兩人都是非裔。他們瞪著我看。男人少了左腿。

我來找牧師，我說。

女人站起身。她推開一扇鉸鍊不甚牢靠的小紅門，進去了。我等著。獨腿男人的枴杖靠

四百磅的大牧師——亨利・科文頓。

我第一次見到亨利時心想：如果這位老兄是牧師，那我就是月球人。

在椅子旁邊，對我微微一笑。他戴眼鏡，前排的牙齒幾乎掉光了。

「今天挺熱的。」他道。

是啊，我說。

我看了好幾次手錶。我輪流把身體的重心挪移到另一隻腳。總算，陰影裡有了動靜。

然後。

然後一個體型龐大的男人走了出來。

一個塊頭大得**不得了**的人。

後來我得知他五十歲了——卻還有張娃娃臉，留著剪得很短而稀疏的鬍子。他個子很高，夠資格當籃球選手，只可惜體重超過四百磅。他的身體好像可以分解成好幾層，厚實的胸膛下面接著一片大肚皮，掛在褲腰帶外面像個枕頭。他的手臂把寬鬆的白色T恤袖子撐了開來。他額頭冒汗，氣喘噓噓，好像剛爬過樓梯。

我心想：**如果這位老兄是牧師，我就是月球人**。

「哈囉。」他喘著氣，伸出手：「我是亨利。」

# 大法師一九八一年的一段講道

下面這個故事是一位軍中牧師告訴我的：

「一個軍人被派駐很遠的地方。他的小女兒，在機場，坐在一家人簡陋的行李中間。

「這女孩很想睡覺。她靠在箱子和行李袋上。

「一位女士走過來，停下腳步，摸摸孩子的頭。

「『可憐的孩子。』她說：『妳沒有家。』

「孩子驚訝地抬起頭。

「『我們有家呀。』她說：『我們只是沒有可以把家裝進去的房子。』」

# 9月

## 財富是什麼

大法師使用起助行器了。我站在他家門口，就聽見助行器「篤、篤、篤」向我而來。現在是九月，距我那次去醫院探望他已經三年了。樹葉開始變色，我注意到他家車道上停了一輛怪車。他的歌聲隱約從門後傳來：「我來了……等一下……**我來了**……」

門開了。他在微笑。現在的他比我第一次來拜訪時消瘦；手臂上的骨頭更明顯，臉也拉長了。他頭髮全白，一度高挺的身材彎出一個角度。他的手指把助行器抓得很緊。

「跟我的新伙伴打個招呼吧。」他搖一搖握把說：「我們到哪兒都形影不離。」

他壓低嗓門。

「我**甩**不掉他。」

我哈哈大笑。

「好啦。請進吧。」

我跟著他進門。就像往常一樣，他挪一步，抬一下助行器，篤、篤、篤，向那間裝著他所有的書和「上帝」檔案的辦公室走去。

車道上那輛車的主人是一個居家照護員，她到大法師家裡來幫助他。這等於承認他的身體可以毫無預警就背叛他，承認了很多事**都可能發生**。他肺裡的腫瘤還在，但是大法師今年八十九歲了，醫生覺得不值得冒險將它切除。諷刺的是，隨著大法師放慢了速度，癌瘤也減緩了攻擊性，就像兩個疲倦的鬥士拖著沈重的腳步邁向終點。

醫生盡可能客氣地表示，老化很可能比腫瘤先一步把大法師帶走。

我們慢吞吞向前走著，我又發現了一個原因可解釋為何那輛車特別醒目：從我六年前來訪至今，這棟房子沒出現過新東西。家具沒有更新，地毯沒換過，電視機沒有變大。

大法師對外在物資向來不感興趣。

話說回來，他擁有的這類東西向來不多。

他生在一九一七年，即使以當時的簡樸標準來看，他的父母也相當窮苦。奧勃特的母親是立陶宛移民，他父親推銷布匹，工作時有時無。他們住在布朗士區的托平大道一座擁擠的公寓大樓裡。食物很少。年少的奧勃特每天放學回家，都祈禱不要又看見家裡的家具被搬到馬路上。

身為三個孩子中的老大——下面還有一弟一妹——他從日出到日落都待在猶太教會辦的小學裡。他沒有腳踏車或豪華的玩具。有時他母親會買打折的隔夜麵包，塗上果醬，配上熱茶給他吃。他回憶起來總說，那是「我小時候最像天堂滋味的一餐」。

經濟大蕭條蔓延，奧勃特只有兩套衣服，一套平日穿，一套安息日穿。他的鞋子很舊，打了補丁，他的襪子每天晚上都得洗。他舉行成年禮那天——根據宗教傳統，從成年禮開始就算一個男人了——父親送他一套新西裝。他穿上它，就像穿到最好的衣服一樣得意。

過了幾星期，他穿著那套衣服，跟隨他的父親搭電車去看一個當律師而家境富裕的親戚。他父親攜帶了他母親烘焙的一個蛋糕。

到了那戶人家，一個十來歲的表兄跑上前，一看到奧勃特就捧腹大笑。「奧爾，那是我的舊西裝耶！」他尖叫道：「喂！大家看啊！奧爾穿我的舊西裝！」

奧勃特感到莫大屈辱。那天在親戚家的時間，他脹紅了臉坐在那兒，覺得非常丟臉。乘電車回家途中，他拚命不讓眼淚流下來，怒目瞪著用蛋糕換回一皮箱衣服的父親——如今做兒子的當然理解，這樣的交換其實是有錢人資助窮親戚的方式。

終於到了家，他再也按捺不住。「我真不懂。」奧勃特對父親脫口而出：「你很虔誠，但你的表哥不信教。你每天禱告，他不禱告。他們要什麼有什麼，我們卻什麼也沒有。」

父親點點頭，然後用微帶唱歌的腔調，用希伯來語回答。

上帝和他做的決定都是對的。

上帝不會無緣無故懲罰任何人。

上帝知道他在做什麼。

那是他們最後一次討論這件事。

那也是奧勃特．路易斯最後一次用擁有什麼東西來評斷人生。

現在，事隔七十六年，他擁有什麼幾乎毫無意義，不過是開玩笑的素材罷了。他穿得像清倉大拍賣的成果。他拿格子襯衫搭配圖案鮮豔的襪子，外加一條郵購買來的哈班德（Haband）長褲，那是一個低價服裝品牌，主產品包括聚脂纖維的牛仔褲和十一個口袋的背心。大法師就喜歡這種東西，口袋愈多愈好，他可以把便條、鋼筆、小手電筒、五元紙鈔、剪報、鉛筆都裝進去。

說到財產，他就像小孩子一樣；價格標籤不代表什麼，小小的樂趣最重要。高科技？他喜歡用有計時功能的收音機來聽古典音樂。豪華餐廳？他心目中的美食是全麥脆餅和花生醬夾心餅乾。燕麥粥裡加一些早餐穀片，再加一杯葡萄乾攪勻，就是他的一頓大餐。他最喜歡採買食物，但只買折扣商品——這是大蕭條年代留下的習慣。他逛超市的方式已成為傳奇。他可以推著購物車在走道上花幾個小時，深思熟慮，東挑西選。結帳的時候，他掏出一張又一張折價券，一邊對收銀員開玩笑，一邊得意洋洋計算他省下了多少錢。

許多年來，他妻子都必須替他去領薪水支票，否則他根本不當一回事。他在聖堂的起薪只不過每年幾千美元，服務五十年以後，他的收入與其他神職人員比起來仍然相形見絀。他從不要求加薪，他覺得這種行為不恰當。剛開始工作那幾年，他連車都沒有；有個名叫艾迪·阿德曼的鄰居開車送他去費城，在捷運站放他下來，這樣他才能到卓普西大學[12]修一門課。

在大法師身上，似乎具體呈現了信仰與財富互相排斥的現象。如果會眾想送他東西，他會建議他們不如捐給慈善機關。他最討厭募款，因為他從不認為神職人員可以向人家要錢。有次他在講道時說，他唯一一次希望成為百萬富翁，是因為他想到這可以救多少家庭脫離金錢的苦惱。

他最喜歡舊東西。舊錢幣、舊畫。他個人使用的祈禱書也很破舊，夾了一大堆剪報，以橡皮筋紮起來。

「我要的東西我都有了。」他打量著亂糟糟的書架說：「何必再花精神去追逐更多？」

你就像聖經裡那句話，我說。人就是賺得全世界，賠上自己的生命，有什麼益處呢？

「那是耶穌。」

哎呀，抱歉。我說。

「不必抱歉。」他微笑道：「說得很貼切。」

# 教堂

底特律的車流在外面飛馳而過，我跟著「手足守護會」（I Am My Brother's Keeper Ministry）的亨利．柯文頓牧師，穿過特大號的禮拜堂。這間古色古香的大堂非常壯觀，天花板極高，氣勢恢弘。大講壇是桃花心做的，管風琴矗立如塔，還有居高臨下的二樓席次。

但朽壞也出現了。

到處可見油漆剝落。牆壁有裂縫。木頭地板毀損腐爛了，掩蓋在地毯下的凹洞會害人扭傷腳踝。我抬頭看見天花板上有個洞。

亨利是「手足守護會」的牧師。

非常大的洞。

直徑恐怕有十呎。

「那是個大問題。」亨利承認：「尤其在下雨的時候。」

我注意到各個戰略據點上都擺好了紅色塑膠桶，準備承接雨水。白色水泥已經被滲水污染成褐色。我從沒見過有這麼大破洞的宗教建築。看起來像一艘船被砲彈打穿了船殼。

我們坐下來。亨利的肚皮挺得那麼大，他好像必須把手肘靠在長椅上才能保持平衡。

「我還不知道你的來意。」他客氣地說。

你收容遊民，對吧？

「是的，每星期兩個晚上。」亨利道。

這兒供他們吃飯？

「是的，在我們的健身房。」

也供他們睡？

「是的。」

他們必須是基督徒嗎？

這座教堂氣勢恢弘，但已出現朽壞。

教堂的天花板上有道十呎的大破洞。

「不必。」

你試著要他們皈依基督教嗎？

「不。我們協助他們禱告。我們會問，有沒有人要把生命交給耶穌，但絕不勉強。任何人都可以來。」

我點點頭。我告訴他慈善捐款的事。我說了我們可以提供哪些方面的協助。

「哦。」他挑起眉毛：「好啊。真是太好了。」

我四下張望。

這是一座大教堂，我說。

「我知道。」他咯咯笑起來。

你有紐約口音。

「嗯哼。我布魯克林人。」

這是你的第一個神職任務嗎？

「是的。我剛來的時候，身兼執事和管理員。掃地、擦地、吸灰塵、洗廁所，一手包辦。」

我想起大法師剛到我們的聖堂時，也要幫忙打掃和鎖門。為上帝工作的人，也許都是這樣子養成謙遜性格的。

「很久以前，」亨利說：「這是一座有名的教堂。但幾年前，他們把教堂賣給我們教會。事實上，他們跟我們說：只要你們肯負擔維持費，它就交給你們了。」

我又打量四周一眼。

你一直都打算要當牧師嗎？

他從鼻孔裡笑了一聲。

「才不是。」

你剛從學校畢業的時候打算做什麼？

「老實說，我坐過牢。」

真的？我說。我努力裝作若無其事。為了什麼？

「哦，我做過很多事。販毒、偷車。我因為殺人罪坐牢，但那件案子倒是跟我一點關係也沒有。」

那你又怎麼會從那兒來到此地？

「這麼說吧……有天晚上，我以為被我打劫的那些人會來殺掉我，所以我向上帝許了一個願，只要讓我活到早晨，我就把自己交給他。」

他頓了一下，好似陳年傷痛又在心頭翻騰。「那是二十年前的事了。」他說。

他用手帕按了幾下額頭。「這輩子我經歷太多。我知道寫歌的人筆下的『榮耀，榮耀，哈利路亞，自從我放下重擔』是什麼意思。」

好的，我說。因為我不知道如何回應他的話。

過了幾分鐘，我們走到側門出口。地板上黏著一塊塊穢物。沿一道樓梯往下走，通往一個光線暗淡的小健身房。他告訴我，那是讓遊民睡覺的地方。

那天，我沒有承諾撥款協助，只說我會再來，然後我們可以多談談。說老實話，坐牢這件事是一個危險信號。我知道人會洗心革面，但我也知道，有些人只是換個地址而已，什麼都沒變。

我以報導體育新聞為生，而且住在底特律，我見識過的惡行劣跡不在少數：吸毒、人身傷害、非法持槍。我曾經在擠滿媒體的記者會上見證「公開道歉」。我訪問過自稱改過向上、說得頭頭是道的人，而後在報導中為他們寫下好話——幾個月後，卻發現這些人又陷入老問題。

這種現象在體育界已經夠糟了，但宗教上的偽善更令我厭惡。公開募款的電視佈道家因私生活不檢點坐牢，不久就又假裝悔過，重新露面向大家要錢——這種行徑使我反胃。我很願意信任亨利．柯文頓。但我不想所託非人。

況且，不客氣地說，他的信仰世界不是我熟知的那種。這裡如此殘破不堪，樣樣東西都湊合著用，連教堂**內部**好像也有下陷。亨利說，有座樓梯通往樓上，那兒有五個房客住在宿舍式的房間裡。

且慢，有人**住在**你的教堂裡？

「是啊，有幾個。他們會付一點房租。」

你怎麼應付你的日常開銷？

「大部分就靠房租。」

會眾按時付費嗎？

「我們不收費。」

那你的薪水從哪兒來？

「他大笑。我沒有薪水。」

我們走到外面的陽光下。獨腿男人還在。他微笑，我擠出一個笑容回應。

好啦，牧師，我們保持聯絡，我說。

我不知道自己這句話是否出於真心。

「歡迎你星期天來做禮拜。」他道。

我不是基督徒。

他聳聳肩膀。我不知道這代表「好吧，那就不歡迎你來」，還是「沒關係，仍然歡迎你來」。

你有沒有進過猶太會堂？我問。

「有啊。」他說：「我十多歲的時候。」

什麼樣的場合？

他低下頭，有點不好意思。

「我們進去偷東西。」

# 10月

## 老去

猶太會堂的停車場擠滿了車，找不到空位的車沿著大街排了半哩路。今天是贖罪日，猶太教一年當中最神聖的節日。據說上帝會在這一天決定，來年的生死簿（Book of Life）上誰可以存活。

莊嚴一如往常，但這一天永遠是大法師大放異采的時刻，似乎他最精彩的講道總是保留到這天早晨。會眾離開時，無不熱烈討論著大法師闡釋的生命、死亡、愛與寬恕。

但今天不成。他已經八十九歲，不再講道。他不上講壇，只安安靜靜與其他做禮拜的人坐在一起。我在另外一區，坐在我父母身旁，正如同我這輩子每一次這種場合那樣。

只有這一天，我看起來很像是儀式的一員。

下午的儀式進行中，我走上前去找大法師。我走過幾位老同學面前，他們的面孔有點眼熟，只是頭髮稀疏了，或增加了過去沒有的眼鏡或雙下巴。他們微笑，低聲說哈囉，在我認出他們之前就記起我。我很想知道，他們心裡是否認為我自以為走得更遠而自命不凡。如果他們這樣想也情有可原；我想我的表現確實會讓人這樣以為。

大法師坐在與走道隔了好幾個座位的地方，正跟著一段有節奏的祈禱打拍子。他照例穿一件乳白色的袍子。他很不願意在公共場合使用的助行器，靠著附近的牆擺放。莎拉坐在他身邊，她看見了我之後，拍拍她丈夫。他一邊拍手一邊回過頭來。

「啊。」他道：「大老遠從底特律趕來的人。」

他的家人攙扶他站起來。

「來，我們聊聊。」

他慢慢擠出來，找到助行器。坐在走道兩旁的人紛紛靠攏，做出預備動作，以防他需要幫助。在他們臉上可以看到既尊敬又關懷的神情。

他抓住把手，往外走。

每走幾步，就要打一次招呼。二十分鐘後，我們終於在他一度使用過的大辦公室對面的小辦公室裡坐定。我不曾有機會在一年中最神聖的節日當天，私下與大法師見面。感覺很特別，我在他辦公室裡，而其他人都在外面。

「你的妻子來了嗎？」他問。

她跟我家人在一起，我說。

「很好。」

他對我妻子一向很親切。他也從來不因她的信仰對我不滿。真是很體貼。

你覺得怎麼樣？我問。

「哎，今天他們逼我吃東西。」

誰？

「醫生。」

那你就吃嘛。

「不行啊。」他一手握拳。「今天我們要斷食。這是我的傳統。我要做我一直在做的事。」

他放下拳頭，那隻手不自主抖個不停。

「你瞧？」他小聲道：「這就是人類的困境。我們咒罵這件事。」

你是說老化？

「人會變老，這事實我們可以接受。但**成為**一個老人卻很困難。」

大法師最令人難忘的一場講道，對我而言，是他在他親戚裡年紀最大的一位姑媽過世後所發表的。那時他的父母都已去世，祖父母入土也很多年了。他站在他姑媽的墳墓旁邊，起了一個非常簡單卻令人害怕的念頭：

**接下來就輪到我了**。

當你按照長幼有序的方式來到了死亡隊伍的前頭，當你不能再躲在「還沒輪到我」的遁詞背後，你該怎麼辦？

看著大法師萎頓地坐在他的辦公桌，此情此景惹我感傷，不禁想到他在他家族的名單上當排頭已經很久了。

你為什麼不講道了？我問。

「有件事我無法承受。」他嘆口氣說：「萬一我講錯一個字，萬一我在關鍵時刻表現失常——」

你不需要因此覺得不好意思。

「不是我，」他糾正我：「是其他人。他們看到我語無倫次……就會想到我快死了。我不願意以這種方式驚嚇他們。」

我早該知道，他是在為我們著想。

小時候，我真的相信有一本生死簿，在天上的圖書館裡，它滿布灰塵。每逢一年一度的贖罪日，上帝就會拿起羽毛筆，翻開那本書——**打勾**、**打勾**、**打叉**、**打勾**——這個會活，那個會死。我總擔心自己祈禱不夠努力，必須把眼睛閉得更緊，才能發揮意志力，好讓上帝的筆從這一頭勾到另一頭。

一般人對死亡最害怕的是什麼？我問大法師。

「害怕？」他思索了一會兒。「這麼說吧，最重要的是，接下來會發生什麼事？我們要到哪裡去？它會跟我們想像的一樣嗎？」

這是個大問題。

「是啊，而且還有別的問題。」

還有什麼？

他湊過來。

「被人遺忘。」他小聲說道。

距我家不遠有座墓園，那兒的墓碑有的可以追溯到十九世紀。我從來沒看過任何人到那兒獻花。大多數人只進去逛一圈，看看碑上刻的文字，說：「哇。看它有多**老**。」

我在大法師辦公室裡想起那座墓園，因為聽大法師引述了一首美麗而令人心碎的詩。作者是英國詩人哈代（Thomas Hardy），詩中講述一個老人在墓碑間徘徊，與埋在泥土裡的死者對話；新近入土的靈魂，為那些已從記憶中消失的老靈魂哀嘆：

他們早被世人遺忘，
等於不曾存在，
不僅失去斷斷續續的呼吸，
而是二度死亡。

**二度死亡**。養老院裡那些無人探望的人，凍死街頭的流浪漢。誰會為他們的死哀悼？誰會記得他們在這世界上活過？

「有一次，我們去俄羅斯旅行。」大法師回憶道：「發現一座傳統派的老會堂。裡面有個老人，獨自站著，念誦悼亡禱告詞。我們出於禮貌，問他為誰禱告。他抬起頭，答道：『我在為自己禱告。』」

**二度死亡**。試想，死去以後沒有人會記得你。我不知道是否就為這個原因，我們美國人才那麼努力想留下痕跡。一定要出名。現在名氣變得多麼重要。我們唱歌，為了成名；張揚自己最見不得人的秘密，為了成名；減肥、吃蟲子、甚至殺人，都為了成名。我們的年輕人把內心最私密的想法張貼在公開的網站上，把攝影機搬到臥室裡。這就像在尖叫：**注意我！**

**記得我！**但狼藉的名聲不會持久。名字很快變得模糊，經過一段時間就被遺忘了。

那麼，我問大法師，怎麼避免二度死亡呢？

「短期而言，」他說：「答案很簡單。家人。藉由我的家人，我希望能存活好幾代。只要他們記得我，我就仍然活著。他們為我禱告，我就仍然活著。我們一起創造了那些記憶，那些歡笑與眼淚。

「但，那樣還是有局限。」

怎麼說？

以下這句話，他用唱的。

「如果——我表現良好，下一代，說不定兩代人會記得我。但早晚有一天他們會說：

『那個叫什麼名字的？』」

我先是反駁，但隨即閉上嘴。我發現我不知道我曾祖父的名字。我沒見過他長什麼模樣。即使在關係密切的家庭裡，親情的網過了幾代就會鬆散？

「正因為如此，」大法師道：「信心才那麼重要。那是一條我們每個人都可以抓住、爬上山再爬下來的繩子。我這個人，或許隔了若干年就沒有人記得，但我的信仰和我的教誨——我那些關於上帝和傳統的話語——卻可以繼續。它來自於我的父母，以及更早之前的他們的父母。如果它能傳給我的孫子，再傳給他們的孫子，那麼我們就都，你知道……」

連成一氣？

「對啦。」

我們該回去參加儀式了，我說。

「是啊。好的。來幫個忙。」

我意識到這兒只有我在，而他沒有人幫忙就無法從椅子上站起來。這與他在講壇上聲若洪鐘，談笑風生，而我坐在人群中對他的表現佩服得五體投地的歲月，距離有多遠呢？我試著不去想這件事。我走到他身後，笨手笨腳，數著「一……二……三」，然後托著他手肘，把他抬起來。

「哎唷唷，」他喘口氣：「老囉，老囉，老囉。」

我打賭你還是可以講出棒得不得了的道。

他抓住助行器的把手，頓了一下。

「你這麼認為？」他問，聲音很輕。

當然，我說，毫無疑問。

大法師家的地下室裡，有他、莎拉和其他家人的老影片膠捲。

這是他們在一九五〇年代初期，逗弄他們的第一個孩子夏隆。

這是幾年後，跟他們的雙胞胎女兒歐拉與麗娜在一起。

這是一九六〇年，他們推著嬰兒車，車上坐著最小的女兒季拉。

影片的畫質很粗糙，但大法師臉上快樂的表情——把孩子擁在懷中，親吻他們——清晰可辨。他好像天生注定是個好父親。他從來不打孩子，很少大聲說話。他把回憶折成一個一個充滿愛的小片段：午後從聖堂漫步回家；晚上陪女兒一起做功課；漫長的安息日晚餐時家人一起聊天；夏日，把棒球從頭上往後拋給他兒子。

有次他開車載夏隆和幾個年輕人離開費城，準備過橋。駛近收費站的時候，他問這群男孩，有沒有帶護照。

「護照？」他們問。

「你們沒帶護照——還想進入紐澤西州？」他喊道：「趕快啊！躲到毯子底下！不要呼吸！不要發出一點聲音！」

後來他拿這件事嘲笑他們。但就在汽車後座，就在那張毯子底下，一個新的家族故事已經成形，足夠爲父親與兒子帶來幾十年的歡笑。傳統就是這麼建立的，一段記憶一段記憶建立起來。

他的兒女都已長大。他兒子是一位頗有聲望的拉比，大女兒在圖書館做館長，最小的女兒是一位老師。他們都已生兒育女。

「我們拍了這張照片，全家福。」大法師說：「每次我覺得死亡的幽靈籠罩，就看一看這張照片，全家人對著攝影機微笑。然後我就對自己說：『奧爾，幹得不錯。

「『你的不朽就在其中。』」

# 教堂

我走進教堂，一個額頭很高的瘦子向我點頭，遞給我一個白色小信封，方便我做捐獻。他示意我隨便找個位子坐。今天變天，風雨交加，天花板上那個洞充滿威脅感，黑壓壓地滴著水，三夾板搭起的架子上排列著紅色水桶，承接著不斷滴落的雨水。

長椅多數都空著。最前面靠近祭壇的地方，有個人坐在手提風琴後面，不時彈一個和弦，還有個鼓手──同時敲擊鼓緣和鼓面，篤！──為他打拍子。他們簡陋的小音樂在大堂裡迴響。

亨利牧師站在一旁，身穿藍色長袍，前後搖晃著身體。經不起他三番兩次邀請，我終於來做禮拜。我不確定我為什麼來。也許是好奇；也許，說得直接點，我來是為了觀察他是否值得我信任、值得我捐錢給他。如今我們已經交談過幾次。他對自己的犯罪歷史毫不隱瞞──毒品、槍械、刑期。他如此誠實是好事，但如果僅僅考慮他的過去，恐怕沒有理由投資他的未來。

但他臉上那種悲傷與懺悔，他聲音裡的疲憊，彷彿他已經受夠了這個世界，最起碼受夠了某一部分的世界。我情不自禁想起那句老諺語：「千萬不要信任一個胖牧師」，可是我一點也不擔心亨利．柯文頓會在會眾身上鑽營圖利。根本無利可圖。

他從沈思中抬起頭，看見了我。然後他繼續禱告。

亨利．柯文頓在一九九二年由紐約國際朝聖大會（Pilgrim Assemblies International）的羅伊．布朗主教派到底特律。布朗在他的教會裡發現亨利，聽過他的見證後，把他帶到各地的監獄，觀察受刑人對他故事的反應。對亨利加以訓練、教導，並任命他為執事後，布朗主教終於要求他到這個汽車製造業中心的城市來。

亨利願意為布朗做任何事。他帶著家人搬進底特律市中心的華美達飯店，領每週三百美元的薪水，幫忙建立新的朝聖教會。他出入靠的是布朗主教撥給他使用的一輛陳舊的黑色大轎車。如果主教週末來主持禮拜，他要負責接送。

這些年來，亨利在三位牧師底下工作過，每一位都注意到他研習很用功，與附近的居民打交道很輕鬆。他們升他為長老，最後成為牧師。但到頭來，朝聖大會對這座城市失去了興趣，布朗主教不再出現，亨利的津貼也停了。

以後的發展是好是壞，都靠他自己。

他的房子被銀行收回。警長在門上貼了封條。他的水電被切斷。同時，備受忽視的教堂鍋爐壞了，水管破裂。本地毒販放話，只要亨利同意他們用這地方做秘密運銷中心，所有的財務危機就會迎刃而解。

但亨利已經與那種生活一刀兩斷。

所以他堅壁清野。他組成了「手足守護會」，他求上帝給他指引，他盡一切努力維持教會的運作與家人的生活。

管風琴樂聲中，有人扶著枴杖蹣跚上前。是我第一次來時見過的那個獨腿男人。他名叫卡斯，全名「安東尼．卡斯洛」。我後來得知他是教會的長老。

「感謝你，感謝你，主啊。」他發話道，眼睛幾乎合攏：「感謝你，感謝你，感謝你……」

有人拍手。有人喊道：「好啊……」每次門打開都會聽見外面的車聲。

「感謝你，耶穌……感謝你賜給我們牧師，感謝你賜給我們這一天……」

我數了數，現場有二十六個人，都是非裔，大部分是婦女。我坐在一個老婦人後面，她穿一身加勒比海色彩的洋裝，搭配一頂寬邊帽。以聚會的人數而言，這裡遠遜於加州那種超級大教堂，連市郊的猶太會堂都比不上。

「感謝你賜給我們今天，感謝你，耶穌……」

卡斯長老結束後，轉身離開，但電線跟他的枴杖纏成一團，麥克風掉到地上，發出響亮的一聲匡噹。

一個婦人立刻把它放回原位。

然後教堂又恢復了寂靜。

臉頰和額頭已經汗濕得發亮的亨利牧師，走上前來。

牧師出來講道，在我想來，聽眾就可以放鬆身體，期待一場精彩的演講。我參加大法師主持的聚會一向都這麼做，基於習慣，風琴奏出〈奇妙恩典〉的最後一個和弦時，我也在木製長椅上往後一靠。

亨利俯身向前，看著大家。他保持這姿勢一段時間，好像在斟酌最後一個念頭。然後他開口說了。

「奇妙恩典……」他邊說邊搖頭：「奇妙—ㄠ—的恩典。」

有人跟著重複：「奇妙恩典！」其他人拍手。顯然這不是我習慣的那種安靜而內省的聽眾。

「奇妙—ㄠ—ㄠ—的恩典。」亨利咆哮道：「我本來應該已經死掉了。」

「嗯—哼！」

「早就該死了！」

「嗯—哼！」

「死翹翹了！……但是他的恩典！」

「**是的**！」

「**他的**恩典……救了一個迷途的人。我曾經是個迷途的人。你們知道迷途的人是怎麼回事？我曾經吸毒、酗酒，我海洛因上癮，我撒謊、偷竊。這些事我都做過。但耶穌出現了——」

**「耶穌啊！」**

「我說，他是最了不起的資源回收家……耶穌……他扶起我。他重新整頓我。他**重新安排**我。我這個人，我壞透了——」

**「好啊——」**

「但他改變了一切！」

**「阿門！」**

「現在，昨天……昨天，朋友們，一塊天花板掉下來，教堂在漏水。可是你們知道——」

**「說吧，牧師——」**

「你們知道你們知道你們知道……那首歌怎麼唱的……哈利路亞——」

**「哈利路亞！」**

「總而言之！」

他開始拍手。風琴師加入，鼓手也跟上。他們隨即唱了起來，頓時好像聚光燈照亮了整個祭壇。

**「哈—哈—利路亞總而言之……」**亨利唱道：**「遇到失意不要垂頭喪氣……**

**「不論發生什麼事，**

**「提高嗓門大聲說—**

**「哈利路亞……總而言之！」**

他的聲音很美，純淨而清亮，音調極高，看起來實在不像是這麼大的塊頭所能發出的高音。所有的會眾立刻精神大振，應聲齊唱，做出伸頭縮頸、拍手的動作——只有我例外。我覺得像個被合唱團擯棄在外的落選者。

**「哈利路亞……總而言之！」**

歌聲停止後，亨利立刻又繼續講道。在祈禱、唱讚美詩、說話、唱歌、講道、懇求、呼喊與回應之間，沒有區隔。顯然整個兒是一套的。

「昨晚我們在這裡。」亨利說：「只是到處看看，到處看看，水泥裂開了，每個地方的油漆都在剝落——」

**「沒錯！」**

「你們可以聽見雨水灌進來。我們把水桶擺得到處都是。於是我問上帝，我開始禱告。

我說：『主啊，讓我們看見你的慈悲、你的善意。幫助我們治療你的房子。只要幫我們修補這個洞就好——』」

**「這樣就好——」**

「有一陣子，我感到絕望。因為我不知道修理的錢從哪裡來，但很快我就不再絕望了。」

**「這樣才對！」**

「我不再絕望，因為我明白了一件事。」

**「是的，牧師！」**

「你們知道，主在乎的是你做了什麼，可是主不在乎什麼房子不房子。」

**「阿門！」**

「主真的不在乎什麼**房子**不房子。」

**「說得好！」**

「耶穌說：『所以不要為明天憂慮，因為明天自有明天的憂慮。』上帝不在乎**房子**，他在乎的是你，你心裡有什麼。」

**「萬軍之主！」**

「如果我們做禮拜的這個地方——如果這是我們做禮拜的地方……如果這是**唯一一處可供我們做禮拜的地方……**」

他頓了一下。他的聲音降低成耳語。

「那麼這個地方對**他**而言，就是神聖的。」

**「是的，牧師……說得好，牧師……阿門……好哦！」**

所有的人起立，熱烈拍手，信心十足，感謝亨利。雖然他們的教堂如此破爛，他們的靈魂仍受到關注，說不定上帝正透過屋頂的破洞往下看進來，準備幫助他們。

我抬起頭，看見紅色的水桶和滴下來的水。我看見穿著藍色大袍的亨利退後一步，與大家齊聲唱出禱告。我還不知道該怎麼看待他這個人——魅力十足、神秘兮兮、問題人物？可是你必須承認，他母親深具慧眼。他會成為一個牧師，不論要等多少年。

我開始閱讀非屬我信仰的宗教書籍。我很好奇想知道，這些信仰的雷同之處是否比我以爲的更多。我讀了關於摩門教、天主教、蘇菲派和貴格會的介紹。

我看到一部報導印度教慶祝大壺節（Kumbh Mela）的紀錄片，那是一場從恆河河口到它喜馬拉雅山發源地的神聖朝聖之旅。相傳諸神與群魔在空中爭奪寶壺之時，有四滴長生不老的瓊漿往下滴落，分別落在四個不同的地點。朝聖之旅就是到這些地方去；在河水中沐浴，洗清罪孽，尋求健康與救贖。

參加者有數百萬人、數千萬人。場面浩大，令人難以置信。我看到長鬍子男人跳舞。我看到嘴唇穿孔、皮膚鋪粉的聖人。我看到年長婦人在白雪皚皚的深山裡徒步行走好幾個星期，找尋至高的神。

這是全球最大規模的聚會，被稱做「全世界基於信仰、最大規模的一致行動」（"the world's largest single act of faith"）。但大多數的美國人從來沒聽過這事。這部紀錄片把大壺節形容爲「透過一些小行動，參與大業」。

我不知道，能不能把這句話冠在我去紐澤西拜訪一個老人的這件事上。

# 好姻緣

關於大法師的妻子，我說得不多。我該談談她。

猶太人相傳，每個男嬰出生前四十天，天上都會傳來一個聲音，報出他未來妻子的名字。如果真的如此，一九一七年報給奧勃特的名字一定是「莎拉」。他們的婚姻持久，恩愛美滿。

他們在布萊頓海灘區的一次面試上相識——當時他是校長，她想謀一份英文教師的工作。他們對好幾件事意見不合，她離開時心想：「**這份工作泡湯了**」；但他雇用了她，而且很欣賞她。幾個月後，他終於把她請進他的辦公室。

「妳有男朋友嗎？」他問道。

「沒有。」她答道。

「很好，請保持這樣。因為我打算向妳求婚。」

她藏起笑意。

「還有別的事嗎？」她道。

「沒有了。」他答道。

「那就好。」於是她離開了。

隔了好幾個月，他才有下一步行動。他羞澀得不知如何是好，但終究採取了行動。他們開始交往。他帶她上餐廳，帶她去柯尼島[13]。他第一次嘗試親吻她，卻開始打嗝。

兩年後，他們結婚了。

共同生活六十多年，奧勃特與莎拉養育四個孩子，埋葬了其中一個，在兒女的婚禮上跳舞，為彼此的父母送終，迎來七個孫兒孫女，只換過三棟房子；他倆始終支持彼此、與對方辯論、互相珍愛疼惜。他們也曾爭吵，甚至不講話，但到了晚上，孩子會隔著門縫看見他倆握著手坐在床畔。

他們是天生的團隊。有時大法師站在講壇上會忽然逗她說：「打擾一下，小姐，可以告訴我們妳的名字嗎？」她還擊的方式是告訴大家：「我跟我先生結婚，過了愉快的三十年，我永遠不會忘記我們結婚的日子，一九四四年十一月三日。」

「且慢……」有人會說，開始心算：「那不止三十年，多得多了。」

「沒錯。」她道：「星期一有二十分鐘很愉快，星期二有一小時。加起來，總共是愉快的三十年。」

眾人都笑了，她的丈夫也莞爾。大法師曾經在一份給新進神職人員的建議事項中提到：「找個好伴侶。」

他找到了他的。

正如同經過一次次收穫可以增長農業知識，結婚多年也使大法師熟知婚姻如何運作——以及為何故障。他主持了將近一千場婚禮，從最簡樸的婚禮到鋪張得令人尷尬的都有。很多對夫妻長相廝守，但也有很多對分手。

你能預測哪一場婚姻會持久嗎？我問。

「有時候可以。」他說：「如果他們溝通良好，機會就很大。如果他們有類似的宗教信仰、類似的價值觀，就很可能成功。」

至於愛情呢？

「愛情一定是有的。但愛情會變。」

此話怎講？

「愛情，屬於迷戀的那種——『他好帥，她好美』——有一天會枯萎。只要出一點兒差錯，那種愛就飛走了。

「另一方面，真愛會不斷充實。它經歷考驗之後會更堅強。好比《屋頂上的提琴手》。你記得嗎？劇中男主角特維唱過一首〈妳愛我嗎？〉？」

我早該料到會有這種發展。《屋頂上的提琴手》那齣戲與大法師的世界觀相當一致。宗教、傳統、社區，還有夫與妻——特維與歌蒂——他們的愛靠行動證明，不靠言詞支撐。

「做妻子的說：『你怎麼能問我愛不愛你？看看我為你做了這麼多。難道還有別的理由？』

「**那種**愛——你們從共同創造的生活中意識到你們擁有的那種愛——就是長存永續的愛。」

大法師很幸運，與莎拉擁有這樣的愛。這種愛經得起困苦，卻也需要合作——而且不能自私。大法師很喜歡告訴年輕夫妻：「記住，『婚姻』（marital）與『軍事』（martial）唯一的差別，就在於你把字母 i 放在哪裡。」

有時候他還會講一個笑話，講一個男人向醫生抱怨，他的妻子一發脾氣就變成歷史學家（historical）。

「你是說歇斯底里（hysterical）。」醫生道。

「不，歷史學家。」男人說：「她把我從前做錯的每件事一五一十列出來，就像個歷史學家！」

儘管如此，大法師知道婚姻制度瀕臨危機。他為新人主持儀式，看著他們分手，然後在他們與別人結婚時再次為他們主持儀式。

「我覺得現在的人對婚姻期望太高。」他說：「他們期待完美。每一分鐘都要幸福。電視或電影這麼拍，但人類的經驗並非如此。

「就像莎拉說的，這兒二十分鐘，那兒四十分鐘，把這些美好的部分拼湊起來，就是一樁好婚姻。重點在於，情況不那麼好的時候，你不要把它整個兒當垃圾扔掉。吵架不是問題，另一半有點嘮叨有點煩，也沒什麼大不了。跟另一個人親密生活，這都免不了的。

「但是，你從那份親密當中獲得的快樂——看著孩子，醒來時相視微笑——我們的傳統教導我們，這就是幸福。一般人常常忘記這一點。」

他們為什麼會忘記呢？

「因為『承諾』（commitment）這個字失去了意義。我年紀夠大，所以還記得它曾經是個只有正面意義的字眼。遵守承諾的人很值得佩服。他擁有忠貞、穩定等美德。現在大家都迴避承諾，誰都不願意被綁住。

「順便提一句，信仰也正面臨同樣的問題。我們不願意被捆綁，每一次都得去做禮拜，服從戒律。我們不願意對上帝做承諾。只在用得著他或諸事順利的時候，我們才接受他。但真正的承諾，需要持之以恆——無論信仰或婚姻。」

如果不肯承諾呢？我問。

「你可以那樣選擇。但你會錯過另一邊的東西。」

另一邊有什麼？

「啊。」他露出微笑。「另一邊有你自己一個人找不到的幸福。」

過了一會兒，莎拉穿著大衣走進這房間。她跟她丈夫一樣，八十多歲了，一頭濃密的花白頭髮，戴眼鏡。她的笑容能讓人解除一切武裝。

「我要去買東西，奧爾。」她道。

「好啊，我們會想念妳的。」他雙手交疊放在肚子上，有一陣子，他們只是相視微笑。

我想到他們的承諾，六十多年了。我想到他現在多麼依賴她。我眼前浮現他們晚上牽著手坐在床畔的畫面。**你自己一個人找不到的幸福**。

「我本來想問妳一個問題。」大法師對他的妻子說。

「是什麼？」

「嗯……我已經忘記了。」

「好吧。」她笑了起來：「答案是不行。」

「或是『**也許**不行』？」

「或是也許不行。」

她走上前來，開玩笑地跟他握握手。

「就這樣啦，很高興認識你。」

他笑起來：「我的榮幸。」

他們親吻。

我不知道出生前四十天是怎麼回事，但就在那一剎那，如果聽見天上傳來這兩人的名字，我一點也不意外。

小時候我很確定，我絕不會跟信仰其他宗教的人結婚。

成年以後，我卻不顧一切那麼做了。

我的妻子和我在加勒比海一個小島上結婚。紅日西沈，天氣溫暖宜人。她的家人朗讀聖經上的章節。我的姊姊弟弟唱了一首搞笑的祝賀歌。我踩破一個玻璃杯。我們請當地一位女法官爲我們證婚，她用自編的賀詞祝福我們。

雖然我們來自不同的信仰，我們用愛打造了解決方案：我支持她，她支持我，我們參加彼此的宗教儀式，雖然我們在某些祈禱過程中只是默不作聲站著，但我們一定會說「阿門」。

然而，有時還是會出現狀況：她有煩惱時會向耶穌求助；我聽她低聲禱告，總覺得被摒棄在外。與不同信仰的人結婚，需要磨合的不僅是兩個人而已——你們要磨合歷史和傳統，要磨合領聖餐的故事與成年禮的照片。儘管她常說：「我相信舊約聖經；我們沒那麼大的差異。」但我們就是有差異。

你會因爲我的婚姻生我的氣嗎？我問大法師。

「我幹嘛要生氣？」他說：「生氣又能怎樣？你的妻子是個好人。你們相愛。我看得出來。」

那你怎麼在那件事和你的工作之間取得平衡？

「這麼說吧。如果有一天，你來對我說：『猜怎麼著？她要改信猶太教。』我一定心花怒放。在那之前……」

他唱了起來：「在那之前，我們要好好相──九──處……」

# 亨利的故事

我常常忍不住拿大法師和亨利牧師做比較。兩個人都愛唱歌。兩個人的講道都很精彩。亨利與大法師一樣，畢生只帶領過一個教區的會眾，也只做過一個女人的丈夫。亨利和安娜特也像奧勃特和莎拉一樣，有兩個女兒、一個兒子，並曾經失去一個孩子。

但除此之外，他們的故事截然不同。

比方說，亨利不是在求職面談時遇到他的妻子。他第一次見到安娜特時，她正在跟他哥哥擲骰子。

「來啊，出個六！」她喊道，把骰子往檯面上扔出去。「六啊，給我一個六！」

她十五歲。亨利十六。他當下著了迷、昏了頭，就像漫畫裡畫的那樣，被丘比特射了一箭！你可能不覺得擲骰子是多麼羅曼蒂克的事，為上帝工作的人似乎也不應該用這種方式找到他永恆的愛，亨利十九歲去坐牢的時候，他對安娜特說：「我不指望妳等我七年。」她說：「就算要等二十五年，我也不會離開。」所以，誰有資格說永恆的愛一定是什麼樣的？

亨利坐牢期間，每個週末，安娜特都在午夜搭上巴士，坐六小時車，趕到紐約州北部。到了之後，她坐在那兒等太陽出來。探監時間一到，她跟亨利握著手，一起玩牌、聊天，直到探監時間結束。她鮮少錯過一個週末不去看他，雖然行程這麼辛苦。是她使得亨利保持振作，讓他覺得有些事值得期待。亨利的母親在他服刑期間寫信給他說，如果他不守著安娜特，「你或許找得到別的女人，但你永遠不會找到一個妻子。」

他一出獄，兩人就結婚，在摩萊亞山教堂舉行簡單的儀式。當時他很瘦，是個帥氣的高個子；她梳了瀏海髮型，神采飛揚的笑容在結婚照上發亮。他們在一家名叫射手座的夜總會請客，在紐約市成衣製造區的一家旅館度週末。星期一早晨，安娜特就回去上班了。

當時她二十二歲。亨利二十三。不到一年功夫，他們失去了一個嬰孩、丟了工作，冬天公寓裡的熱水爐當著他們的面炸裂，冰柱從天花板上掛下來。

然後，真正的麻煩才剛要開始。

大法師說，好姻緣應該能經得起憂患，亨利與安娜特的婚姻辦到了。但打從一開始，這些「憂患」就包括了吸毒、犯罪、躲警察。一點也不像《屋頂上的提琴手》劇裡演的那樣。

亨利和安娜特都曾經吸毒。亨利出獄返家後，他們決定洗心革面。但，自從嬰兒去世、鍋爐爆炸、安娜特失業，而一文不名的亨利又看見販毒的哥哥有一大疊百元面額的現鈔——他們又落回原先的生活方式，而且陷得更深。亨利在派對上出售毒品，也在自己家中出售毒品。不久，客人太常來找，於是亨利要他們在街角等候，一次只放一個客人進門。他和安娜特的毒癮極大，又酗酒，天天提心弔膽，擔心著警察和競爭的毒品盤商。有天晚上，亨利被幾個曼哈頓毒販帶去兜風，他以為兜完風就是他的死期；如果他不回家，安娜特已握著槍在等候。

但是當亨利終於跌到谷底——也就是他躲在垃圾桶後面的那個晚上——安娜特也受夠了。

「妳為什麼不去找上帝？」那個復活節早晨，亨利問她。

「因為你。」她坦承。

接下來那個星期，他和安娜特扔掉了毒品和槍。他們扔掉了所有的裝備。他們回到教堂，每晚讀聖經。週期性的，他們會覺得軟弱，無以為繼，但他們互相扶持，渡過難關。

一天早晨，大約在他們重新做人的幾個月後，有人敲他們的門。時間非常早，一個男人的聲音說他要買些產品。

亨利在床上大喊，要他走開，說他已經不幹這一行了。那人堅持不走。亨利喊道：「這兒什麼也沒有！」那人繼續敲門。亨利下了床，拉條床單裹住身體，走到門口。

「我告訴過你——」

「不許動——」有個聲音咆哮。

亨利看見五個警察，目瞪口呆。五人都掏出了槍。

「讓開。」其中一個道。

他們衝進門，吩咐安娜特不許動。他們把房子從頭到尾搜索了一遍，警告這對夫婦，如果他們做了任何不法的事，最好馬上招認。亨利知道所有的東西都扔掉了，但他的心仍跳得飛快。**我有沒有遺漏任何東西**？他四下張望。**這兒沒有**。**那兒沒有**——

哎呀，不好！

他突然無法吞嚥，感覺就像有顆棒球堵著他的喉嚨。小茶几上有兩本紅色的筆記本疊放在一起。亨利知道，其中一本抄著聖經箴言的經句，是他每天晚上抄錄下來的；另一本比較舊，裡頭登記著數百筆毒品交易的人名、交易內容與金額。

他把舊筆記本拿出來，本來打算銷毀，現在它可能毀了他。一名警官信步走過去，拿起一本筆記，翻開。亨利膝蓋發軟，他的肺被撞得砰砰響。那人看著那一頁，眼光由上而下。然後他把筆記本扔回去，走向別處。

顯然，箴言引不起他的興趣。

過了一個小時，警察離開後，亨利和安娜特抓起那本舊筆記，立刻把它燒掉，然後用那天剩下的時間感謝上帝。

如果你的牧師講這樣的故事給你聽，你會有什麼反應？一部分的我很欽佩亨利的誠實；另一部分的我卻覺得，從他自己羅列的惡行劣跡來看，他應該沒有資格上台講道。儘管如此，我已經聽過他幾次講道，聽他引用《使徒行傳》的內文和「八福」[14]，提到所羅門王、以斯帖王后的話，說到耶穌告訴他的門徒：「為我喪失生命的，將會得到生命。」亨利唱的福音歌曲極為啟迪人心，充滿吸引力。他好像隨時都在教堂裡，不是在二樓的辦公室——一個狹窄的長形房間，有一張前任用戶留下的會議桌——就是在幽暗的小健身房裡。有天下午，我未經通報就走進教堂，只見他坐在那兒，雙手合十，閉著眼睛在禱告。

氣候轉冷之前，亨利經常在教堂旁邊的烤架上烹飪食物：雞肉、蝦，凡是他得到的捐贈

亨利會烹飪所有捐贈的食物，並分給所有飢餓的人。

物就都拿出來。他把食物分給所有飢餓的人。有時他甚至會在馬路對面，一堵快要倒塌的水泥矮牆上講道。

「我在那道牆上傳播上帝的話，」有次亨利說：「成果不比我在教堂裡面做的少。」

怎麼說呢？

「因為有些人還沒準備好踏進這裡。或許他們有罪惡感，因為他們正在做不好的事。所以我到外面去，帶點三明治給他們。」

像醫生到病人家裡出診。

「是啊。只不過他們有些人連家都沒有。」

其中有人吸毒嗎？

「哦，有啊。但星期天來的那些人裡面，有的也吸毒。」

開玩笑吧，你主持禮拜的時候？

「哦，真的。你對著他們望。看到那些腦袋搖來晃去，上點下點的，你就知道：『嗯哼，這些傢伙用的玩意兒還真凶。』」

你不會覺得不高興？

「完全不會。你知道我怎麼跟他們說嗎？我不在乎你喝酒；你剛走出鴉片館我也不在乎。我生病的時候，就去急診室；如果病治不好，我會再去。所以不論什麼東西讓你生病，儘管把這座教堂當作你的急診室。直到治好為止，你要繼續來這裡。」

我仔細打量亨利溫柔的大臉。

可以問你一個問題嗎？我說。

「好啊。」

你在那座猶太會堂裡偷了什麼東西？

他鬆了口氣，哈哈笑道：「信不信由你——信封。」

信封？

「對啊。我不過是個少年。幾個年紀比較大的小子早在我之前破門而入，偷走了所有值錢的東西。我只找到一盒信封，拿了就跑。」

你還記得你怎麼處理那些信封嗎？

「不記得。」他回答：「完全沒印象了。」

我看看他，再看看他的教堂——我不知道一個人有沒有可能真正了解另一個人的人生。

我搬了一箱大法師講道的舊稿子回家。我一頁頁翻閱。有一篇一九五〇年代的講稿，講「猶太會堂的目的」，還有一篇一九六〇年代的，題爲「代溝」。

我看到有一篇的題目是「雨滴不斷打在我頭上」，是一九七〇年代末期寫的。我不經意讀了下去，忽然心頭一驚。

「每次下雨，我們的屋頂都會流下大量眼淚。」大法師寫道。他提到有天坐在教堂裡，一塊「泡了水的天花板磁磚」掉下來，差點砸中他，還有一次婚禮慶典，因爲連下了兩天雨，「雞湯裡多出不該有的汁液」。有一次晨間禮拜，他不得不拿起掃把敲破一塊礙事的磁磚，好讓雨水排出去。

他在講道中呼籲會眾多捐點錢，以免他們做禮拜的房子當眞垮掉。

我想起亨利牧師和他屋頂上的洞。這是我第一次看到兩者的關連。一座市中心的教堂；一座郊區的猶太會堂。

話說回來，我們的會眾到頭來終於湊夠了修繕費。而亨利根本沒辦法向他的會眾開口要錢。

# 11月

## 你的信仰，我的信仰

我十多歲的時候，大法師有次講道逗得我哈哈大笑。他朗讀了一封另一位神職人員寄來的感謝函。對方在信末寫道：「願你們的神——及我們的神——保佑你。」把相同的信息分送給兩位至高無上的神，我覺得很好笑。我當時還太年輕，無法體會這種「你們的神、我們的神」的區分背後含有嚴肅的陰影。

一旦我遷往中西部（Midwest）——這一區被稱為「北方聖經帶」——這問題就顯得沈重多了。我在市場裡會遇到對我說「上帝祝福你」的陌生人。我該如何回應？我訪問過一些運動員，他們把所有觸地得分和全壘打都歸功於他們的「救主耶穌基督」。我與印度教徒、佛教徒和天主教徒一起做義工。大底特律地區號稱是中東以外聚集最多阿拉伯人口的地方，所以穆斯林的問題也成為日常生活的一部分，包括人們會辯論：本地清真寺可不可以在波蘭人占多數、教堂鐘聲處處聞的地區，用廣播呼叫信徒按時禱告。

換言之，「願你們的神和我們的神保佑你」——「誰的神在保佑誰」的這種觀念，已經從好笑變為有爭議性，甚至會引起衝突。對此我保持沈默，甚至想躲起來。我想，信奉了人數屈居劣勢的宗教的人，多半會像我這麼做。我之所以逐漸偏離我的宗教，一部分也是因為我不喜歡總是覺得自己必須捍衛它。現在回想起來，這理由很可悲，卻非常真實。

有個星期天，快要過感恩節了，我從紐約搭火車去大法師的家。我用一個擁抱當作招呼，跟在他身後進到他的辦公室，而他的合金助行器一馬當先。現在助行器前面添了一個小籃子，裡面擺了幾本書。不知什麼緣故，籃裡還有一個鮮紅的響葫蘆。

「我發現，如果助行器看起來像一台購物車，」大法師淘氣地說：「會眾會覺得更自在。」

他要我寫祭文的這項要求，在我心裡的分量就像一篇期末報告。有幾次去看他，我覺得交卷的限期永遠不會來臨；又有幾次，我擔心只剩幾天，一星期都不到。今天大法師看起來不錯，眼神清亮，聲音有力，這讓我放心。我們一坐定，我就向他說起那筆資助遊民的善款，甚至也談到我度過一晚的那家基督教收容所。

我不確定該不該向一個擔任拉比的人提到基督教的傳教組織。說出來的時候，我有罪惡感，覺得自己像一個叛徒。我想起大法師有次告訴我一個故事。他帶歐洲老家來的祖母去看棒球賽。所有觀眾都為一支全壘打跳起來歡呼時，祖母坐著不動。他回頭問她，為何不為這精彩的一球拍手。她用希伯來語問他：「奧勃特，這對猶太人是好事嗎？」

我白擔心了。大法師不做這樣的價值判斷。「我們的信仰告訴我們，要行善，幫助我們社區裡的窮人。」他說：「這是義舉，不論你幫助的人是誰。」

不久我們就展開最基本的辯論。不同的宗教如何共存？如果一種宗教相信一件事，另一種宗教相信另一件事，怎麼可能雙方同時都是對的？一種宗教有權利——或甚至義務——嘗試使其他宗教的信徒改變信仰嗎？

大法師一輩子都在這些問題中打滾。「一九五〇年代初期，」他回憶道：「我們會眾的小孩在搭校車之前，都會用牛皮紙把他們的猶太書籍包起來。要記得，對這附近的很多人而言，我們是他們畢生見到的第一批猶太人。」

那是不是會產生很多怪現象？

他輕笑一聲：「哦，是啊。我記得有一次，一個會眾氣沖沖跑來找我，她兒子是班上唯一的猶太學生，被安排在校內的耶誕戲劇裡扮演一個角色。而且他們要他演耶穌。

「所以我去找老師。我跟她解釋我們的難處。她說：『可是正**因為**如此，我們才給他這個角色呀，拉比。因為耶穌是**猶太人**嘛！』」

我記得類似的事。讀小學的時候，活潑生動的大型耶誕節目像是〈佳音報你知〉（God Rest Ye Merry Gentlemen）和〈耶誕鈴聲〉，我都沒份兒。相反的，我只能跟校內少數其他幾個猶太小孩上台唱光明節[15]的歌曲〈小陀螺〉（Dreidel, Dreidel, Dreidel, I Made It Out of Clay），拉著手繞圈圈，模仿旋轉的陀螺。沒有道具，沒有戲裝。唱完歌，我們就一起倒在地上。

我發誓我看到台下好些個非猶太人的家長壓抑著他們的竊笑。

關於宗教的辯論，會有哪一方獲勝嗎？誰家的神比誰家的好？誰解釋的聖經是對的，誰又解釋錯了？我比較喜歡印度詩人芮昌德拉（Rajchandra）的主張，他認為沒有哪一種宗教比較優越，因為每一種宗教都帶領人更接近神。他的教誨影響了甘地。我也喜歡甘地本人的做法，甘地結束斷食時，會隨興唸一段印度教的禱告文、一段伊斯蘭教經文，或唱一首基督教的讚美詩。

這些年來，大法師奉行他的信仰過生活，卻從不曾試圖改變別人。大致而言，猶太教不鼓勵外人改宗。事實上，猶太教典型的做法是先強調這個宗教的艱苦經歷，勸說有意加入者放棄。

並非所有的宗教都是如此。在歷史上，由於不肯改宗、不肯接受另一個神或否定本來的信仰而遭到屠殺的人，不計其數。公元二世紀的知名學者阿克巴拉比（Rabbi Akiva）就因為拒絕放棄他的宗教研究，被羅馬人刑求至死。他們用鐵梳耙開他的身體時，他低聲吐出他在人間的最後遺言：「聽著，以色列啊，主是我們的神，主是唯一。」「一」字還在唇邊，他就嚥氣了。

那段禱告——以及「唯一」這個詞——是大法師信仰的核心。唯一，就如同神只有一個。唯一，就如同上主的造物，亞當。

「你們要自問：『為什麼神只創造一個男人？』」大法師豎起一根手指並搖晃著手指說：「如果他要世界上的宗教爭吵不休，為什麼不從一開始就創造許多種不同的宗教？他不是創造了樹嗎？不僅一棵樹而已，而是數不清的樹。為什麼上帝不創造無數的人？』

「因為我們都是從那個男人所出——從唯一的神所出。這就是他要告訴我們的訊息。」

那，為什麼，我問，我們的世界會如此分崩離析？

「好吧，不妨這麼看。你希望全世界看起來都一樣嗎？生命的奧妙就在於它變化無窮。「即使在我們的信仰裡，也有很多問與答、闡釋、辯論。基督教、天主教和其他宗教都有類似的東西：辯論與闡釋。妙就妙在這裡。好比一個音樂家在做音樂。如果你找到**某個**獨一無二的音符，一直不斷敲打那個音符，你一定會發瘋。把不同的音符混合在一起，才形成了音樂。」

那是什麼樣的音樂？

「相信某種比你自己更偉大的東西。」

但，要是信仰別種宗教的人不承認你的宗教，或者因為你相信了跟他不一樣的宗教就要殺你，怎麼辦？

「那不是宗教。那是仇恨。」他嘆口氣：「如果你問我，我會說，這種事發生的時候，上帝高坐在天上也會哭泣。」

他咳了幾聲，然後像是要我放心似的，露出一個微笑。現在他請了全天候的居家幫手；他的居家照護員包括一個來自迦納的高個子女人和一個粗壯的俄羅斯男人。週末以外的日子，有一個來自千里達的漂亮小姐來輪值，她信印度教，名叫蒂拉。早晨，蒂拉會幫他穿衣服，做一些輕鬆的體操，做飯給他吃，開車送他去超市和猶太會堂。有時她會在汽車上播放印度教音樂。大法師覺得很好聽，還要求她翻譯。她談到她宗教中的輪迴觀念；他提出很多問題，並且為這麼多年來都未曾多吸收一點印度教知識而道歉。

你——身為神職人員——怎麼會這麼開放呢？我問。

「欸，我知道自己相信什麼，它在我的靈魂裡。但我一直告訴我們的教友：你們要相信自己的宗教的**真實性**，但你們也要謙遜，承認我們並非無所不知。既然我們不是無所不知，就應該容許別人相信不一樣的東西。」

他嘆口氣。

「這不是我個人的創舉，米奇。大多數宗教都教我們，要愛自己的鄰人。」

我想，那一刻我真的非常佩服他。不論在私底下，或上了年紀以後，他也從來沒有壓迫過別的宗教，沒有對別人相信的事口出惡言。我發現我在處理宗教這件事上像個懦夫。我應該更豪氣一點，不要畏首畏尾。我不應該保持緘默。如果你認為，摩西唯一的缺點就在於他不屬於你的宗教；如果你認為，耶穌唯一的缺點就在於他不屬於你的宗教；如果，你認為，清真寺、齋戒、誦經、麥加、佛陀、告解、輪迴等等觀念與儀式的唯一缺點，就在於它不屬於你的宗教——那麼，問題恐怕出在你身上。

再問一個問題好嗎？我對大法師說。

他點點頭。

如果不同宗教的人說「願神保佑你」，你怎麼回答？

「我會說：『謝謝你，也願上帝保佑你。』」

真的嗎？

「我為什麼不能那麼說？」

我想回答，卻發現我答不出來。完全沒有答案。

我讀了很多佛教故事和寓言。

有個故事講一個農夫一早醒來發現他的馬跑掉了。

鄰居來訪，說：「太不幸了，你運氣眞差。」

農夫說：「未必。」

第二天，馬回來了，還帶來另外幾匹馬。鄰居向農夫道賀，說他轉運了。

「未必。」農夫道。

他兒子試騎一匹新馬，摔斷了腿，鄰居來慰問。

「未必是壞事。」農夫說。

第二天，軍官來徵召兒子服役——他因爲腿斷了沒有被收編——大家都很高興。

「未必是好事。」農夫說。

我還聽過其他類似的故事，它們有種聽天由命的單純之美。我不知道我能否擁抱這種與現實如此保持距離的態度。我不知道。隨緣吧。

## 我們找到的……

我離開大法師的家，去了一趟猶太會堂，查詢一九四〇年代原始建築的資料。

「檔案裡可能會有。」一位女士在電話上告訴我。

我不知道有檔案。我說。

「我們每一樣東西都存檔。我們有一個關於你的檔案。」

開玩笑吧。我可以看看嗎？

「你想要，可以送你一份。」

我走進門廳。教會學校還在上課，到處是孩子。還沒進入青春期的女生帶點兒尷尬的自覺，端莊地慢慢走。男生在走廊裡奔跑，一路抱著腦袋，免得小圓帽掉下來。

什麼都沒改變，我心想。通常，這種心情會讓我產生優越感；我高飛遠走，可憐老家的孩子還在做一樣的事。但這一次，不知為什麼，我只有一種空虛的距離感。

嗨，我對辦公桌後面的婦人說，我名叫——

「來吧，我們認識你。檔案在這裡。」

我眨了眨眼。我差點就忘了，我的家人歸屬於這裡已經四十年了。

謝謝妳，我說。

「不用客氣。」

我接過專屬於我的檔案，就直奔家裡，或者該說是直奔那個我目前稱為家的地方。

在飛機上，我靠著椅背，把繞住檔案的橡皮筋拉開。我憶起我從紐澤西開始的人生。我少時的人生規劃，我那成為「世界公民」的夢想——多多少少可說是已經實現了。我在各個時區都有朋友。我的書以多種外國語言出版。這些年來，我換過很多個不同的住址。

可是，一個人即使碰觸了一切，也很可能與任何東西都沒有關連。我對機場比對我家附近的社區熟悉。我認識的住在其他郵遞區號的人，多過跟我住同一條街的人。我加入的「社群」是工作場所的社團。我的朋友都是工作上認識的。我談話的內容圍繞著工作。我大部分社交活動都來自於工作。

最近幾個月，這些職場的支柱一根根倒塌。朋友被資遣。公司精簡人事。被收購。辦事處關閉。打電話去找以前一直都在某個地方的朋友，已經找不到人了。他們發電子郵件來說，正在開發「令人興奮的新可能」。我從來不相信「令人興奮」這種形容詞。

失去了工作上的聯繫，人際關係也鬆脫了，就像失去磁力的吸鐵。我們彼此承諾會保持聯絡，但沒有人遵守承諾。有些人表現得彷彿失業會傳染。無論如何，少了工作上的共同點——抱怨與八卦——還剩多少話題？

我把我的個人檔案傾倒在一張打開的折疊式小桌上，看見了成績單、舊作業，甚至還有我四年級時寫的一齣兒童宗教劇，它根據以斯帖王后的故事為藍本：

末底改：以斯帖！

以斯帖：什麼事，叔叔？

末底改：到城堡去。

以斯帖：可是我沒有衣服穿！

還有大法師寫的道賀信的副本——有些是手寫的——恭喜我上大學，恭喜我訂婚。我覺得慚愧。這些卡片顯示了他試圖保持聯絡，我卻根本沒有印象我收過這些卡片。

我想到我這一生的聯繫。我想到工作上的朋友，他們被開除，或因病辭職。誰安慰他們？他們去了哪裡？他們不會來找我，不會去找他們過去的老闆。

他們似乎通常都從教會或寺廟獲得幫助。會眾收集捐款，他們烹煮三餐，資助日常開支。他們做這些事是出於愛心和同情，也因為他們知道這是支撐「神聖社區」的最基礎工作。那也是大法師提到過、而我曾經是其中一員的那種神聖社區，雖然那時我並不知道我置身其中。

飛機降落了。我收拾起紙張，重新用橡皮筋把檔案束好，心頭有陣淡淡的憂傷，像是旅行歸來後發現有什麼東西在旅途中失落，再也找不回來了。

# 感恩節

底特律的秋季特別短，好像幾分鐘就結束了，樹木很快變得光禿禿，城市裡秋意轉眼褪色，灰白色的天空下，提早降臨的初雪中，只見一堆荒蕪的水泥塊。我們關上車窗，取出厚大衣。我們的失業率飛漲，很多人還不起房屋貸款，有人直接打包離開，把整個世界留給銀行業者或惡質的債主。十一月還沒過完，漫長的冬季即將來臨。

感恩節前的星期二，我到「手足守護會」去親眼觀察它經營的遊民收容計畫。我對亨利牧師仍然不是完全放心。他的教會在每一方面都與眾不同——起碼我覺得不同。但大法師的話在我耳中回響：你可以擁護自己信仰的眞實，但仍然容許別人相信其他的東西。

更何況，想到「社區」這檔子事——說來，底特律也是我的家。所以，我攪和進來了。我幫亨利買了一塊藍色防水布，遮蓋住他的天花板上漏雨的部分，至少讓他的教堂不會淹水。修天花板的工程浩大得多，據一位包工估計，少不了要八萬美元。

「哇。」我們聽到估價，亨利驚呼一聲。他的教堂這幾年募到的錢全部加起來也不到

為了防止教堂繼續漏雨，我幫亨利買了一塊藍色防水布，好遮住天花板的破洞。

八萬美元。我替他難過。但這麼一筆錢必須出自更忠誠的贊助者。給一張防水布，是初步測試，這對我而言已經夠了。

我下了車，刺骨寒風拍打我的臉頰。由於這兒收容遊民，旁邊的巷子裡有好幾個裹著厚衣服禦寒的人。其中兩個在抽菸。我看到一個矮小男子抱著一個小孩——一待走近，我才發現，那其實是個戴滑雪帽的女人。我替她拉開門，她走過我面前，孩子依偎在她肩上。

一入內，便聽見刺耳的嗡嗡聲，響亮得像小型引擎在運轉。然後又傳來喊叫聲。我轉進可以俯瞰健身房的高架走道。地面上擺滿了折疊式桌子，總共大約有八十個男女遊民圍桌而坐。他們穿著舊大衣和連帽的運動衫。有幾個人穿連帽外套；還有一個人穿底特律獅子隊的夾克。

亨利站在房間中央，身穿藍色運動衫和一件厚大衣，在桌子間遊走，他不時把身體的重心從一條腿移到另一條腿上。

「我是有用的人！」他喊道。

「我是有用的人！」眾人重複道。

「我**真的是**有用的人！」他再次喊道。

「我**真的是**有用的人！」他們依樣畫葫蘆。

「因為上帝愛我！」

「因為上帝愛我！」

有幾個人拍手。亨利吁一口氣，點點頭。眾多遊民一個接一個站起來，圍成一個圓圈，牽著手，背誦一篇禱告文。

然後，好像有人發號令似的，圓圈打散，大家排成一列，走向廚房領熱食。

我拉緊大衣。感覺異常的冷。

「晚安，米奇先生。」

我抬頭看見卡斯，那位獨腿的教會長老，拿著一個帶夾子的寫字板，坐在走道上。他向我打招呼的聲調那麼輕快——「**晚安，米奇先生**」——我感覺他好像還會托一下帽子，行個禮。我聽說了他在幾年前因為糖尿病和心臟手術的併發症失去了那條腿。儘管如此，他總顯得精神奕奕。

嗨，卡斯。

「牧師在下面。」

亨利抬起頭，揮了一下手。卡斯注視著我招手回禮。

「找個時間聽一聽**我的**故事，米奇先生？」

你也有故事？

「我有個你應該聽聽的故事。」

聽你的口氣，好像要講好幾天呢。

他笑起來：「不會，不會。但你應該聽一下，很重要的。」

好啊，卡斯。我們下次安排。

這似乎使他放下心來，謝天謝地，他不再堅持。我打著寒噤，把大衣拉得更緊。

這裡頭真冷啊，我說。

「他們把暖氣關掉了。」

誰？

「瓦斯公司。」

為什麼？

「還能為什麼？沒交瓦斯費吧，我想。」

嗡嗡的噪音太響。我們必須叫喊，對方才聽得見。

這是什麼聲音？我問。

「風扇。」

他指給我看幾台黃色機器，外觀像口袋型的布製風向標，把暖風吹向那些正排隊等著領辣豆泥和玉米糕的遊民。

他們真的把你們的暖氣關掉了？我說。

「沒錯。」

但冬天快來了。

「這是真的。」卡斯低頭看著下面的人群說：「很快就會有更多人到這兒來。」

三十分鐘後，在樓上的辦公室，亨利和我擠坐在他的手提電暖器前面。有人進來，用紙盤盛了玉米糕，端給我們。

怎麼回事？我問。

亨利嘆口氣：「結果我們欠了瓦斯公司三萬七千塊錢。」

什麼？

「我知道我們遲繳了，但金額很小。我們總會想法子付一點。不料今年秋天冷得特別早，我們開始在做禮拜和聖經研習課的時候在教堂裡開暖氣。沒想到屋頂上那個大洞——」

把熱氣都吸光了？

「升上去，散出去。我們就不斷加熱——」

而熱氣不斷從屋頂消失。

「消失。」他點頭：「說得一點也不錯。」

那你現在怎麼辦？

「嗯，我們有風扇。起先，他們連我們的電力也切斷了。但我打電話給他們，求他們總要留一點什麼給我們。」

我無法相信。一座教堂在受凍，這是二十一世紀的美國耶。

根據你的宗教，這怎麼解釋？我說。

「我經常問耶穌這個問題。」亨利說：「我說：『耶穌啊，我們做錯了什麼嗎？』是不是像《申命記》第二十八章說的：若不聽從神的話，『在城裡必受詛咒，在田間也必受詛咒』？」

耶穌怎麼回答你？

「我還在禱告。我說：『神啊，我們要求見你。』」

他嘆氣。

「所以你捐的那塊防水布特別重要，米奇。我們這裡的人需要一線希望的光。上星期下了雨，大水灌進教堂；這個星期也下了雨，但沒有事。在他們眼中，這就是神蹟。」

我不安地扭動。我不想成為神蹟的一部分，尤其不適合在一座基督教堂裡。防水布就是防水布，一塊藍色塑膠布而已。

可以問你一個問題嗎？我說。

「當然。」

你當年販毒的時候，手頭通常有多少錢？

他用手搓了搓後頸：「老哥，你知道嗎，一口氣，大概一年半，我賺了大約五十萬。」

而現在你連瓦斯也被切掉了？

「是啊。」他低聲說：「現在連瓦斯也被切掉了。」

我沒再問他是否懷念從前。現在想來，光是提出剛才那個問題就夠殘忍的了。

後來，所有的盤子都清乾淨了，摺疊桌也都收妥，卡斯拿著寫字板點名：「艾佛瑞！」「德馬可斯！」遊民依次走上前，領取一塊薄薄的塑膠床墊和一條羊毛毯。一個挨一個，間隔幾呎，他們鋪好過夜的床。有些人用塑膠垃圾袋裝著他們的財物，其他人只有一身衣服。這兒寒冷徹骨。卡斯的聲音從健身房天花板上反射回來。這些人大都不作聲，彷彿直到這一刻，他們才真正理解這是怎麼一回事：沒有家、沒有床、沒有老婆孩子來道「晚安」。風扇呼號。

一小時後，卡斯完成了工作，他撐起枴杖，一搖一擺拐進外面的走廊。健身房的燈光轉暗，大家準備睡了。

「記得哦，下次我要跟你講**我的**故事。」卡斯說。

好啊，一定，卡斯，我說。我的手深埋在口袋裡，手臂和軀幹都在發抖。我無法想像這群人在這般寒冷中怎麼睡得著，但他們別無選擇，不睡這兒，就只好睡屋頂或廢棄的汽車。

我正打算離開，這才忽然想起我把一本筆記本遺留在亨利的辦公室。我爬上樓，但門上了鎖。我只好回到樓下。

走出去之前，我對健身房窺望了最後一眼。我聽見風扇穩定的嗡嗡聲，看見毛毯底下隆起一團黑影，有人躺著不動，有人輕微輾轉。很難說當下是什麼勾動了我的情緒，只能說，我想到每一團陰影都是一個人，每個人都曾經是孩子，每個孩子都曾經被母親抱在懷裡，現在卻這樣：世界的最底層、冰冷的健身房地板。

我不知道上帝怎能不為此心碎——即使我們曾經不服從他。

我的眼睛瞥見走道對面閃過一個人影。一個寂寞的大個子坐在陰影裡。亨利牧師會在那兒多待幾小時，像衛兵似的看守這些無家可歸的人，直到值夜的人到達。然後他會套上更多禦寒的衣服，從側門離開，步行回家。

我忽然迫切想回到我自己溫暖的床。我推開門，眨了眨眼。開始下雪了。

我與享樂同行一哩路，沿途她喋喋不休；
但我沒有變得更睿智，聽她聒噪那麼久。
我與悲傷同行一哩路，沿途她不發一言；
但是哦！我學到了多少，當悲傷與我為伴。

——羅勃．布朗寧．漢彌頓（Robert Browning Hamilton）

# 秋殘

「出事了。」

大法師的女兒季拉打電話到我的手機。除非真有狀況，否則她不會打我手機找我。她說，大法師出現退化症狀，可能是中風或心臟病發作引起。他失去平衡，向右側跌倒。他記不起名字，說話也顛三倒四。

他進了醫院，已經住院好幾天了。他們在討論有哪些「選擇」。

他會不會……？我問。

「我們真的不知道。」她道。

我掛了電話，打電話到機場。

我星期天早晨趕到他家，莎拉接待我。她指一指已經出院、人正坐在起居室後方一張躺椅上的大法師。

「好吧，我先讓你知道一下，」她壓低了聲音說：「他不是很……」

我點點頭。

「奧爾？」她通報道：「你有客人。」

她說話很大聲，速度特別放慢。這使我意識到情況有變。我走向大法師，他回過頭來，稍微抬起下巴，做出一個笑容，一隻手稍微舉起，卻抬不到胸部以上的高度。

「啊。」他喊了一聲。

他身上裹著毛毯，穿著法蘭絨襯衫，有個像是哨子的東西掛在他脖子上。

我俯下身，用臉頰輕觸一下他的臉。

「呃……嗯……米奇。」他低聲道。

你還好吧？這真是個蠢問題。

「比不得……」他開了口，忽然打住。

比不得……？

他扮了個苦臉。

比不得你的**全盛期**？我說。真是很勉強的幽默。

他試著微笑。

「不。」他道：「我是說……這個……」

這個？

「哪兒……你瞧……啊……」

我用力吞下一口口水。我覺得眼淚湧起。

大法師坐在椅子上。

但我認識的那個人不在了。

你愛的人太快離開，你怎麼反應？你來不及預作準備，那個靈魂倏忽就走了？

諷刺的是，最有能力回答這問題的人，就坐在我面前。

人一生中可能面臨的最重大損失，就曾經發生在他身上。

那是一九五三年的事，他到聖堂任職才不過幾年。他與莎拉的家還在成長之中：兒子夏隆五歲，雙胞胎女兒歐拉與麗娜四歲。歐拉的意思是光。麗娜的意思是歡樂。

一夜之間，歡樂就消失了。

滿頭棕色鬈髮的小麗娜，是個活潑的孩子，呼吸方面出了問題。她躺在床上，不斷喘息、哮鳴。莎拉在她自己的臥室裡聽見了，過去察看，然後飛奔回房。「奧爾，」她倉促地說：「我們得送她去醫院。」

他們開車衝進暗夜，他們的小女兒拚了命在掙扎。她的氣管腫脹，在胸腔裡緊繃。她嘴唇發青。這種事從來沒有發生過。大法師猛踩油門。

他們衝進紐澤西州卡姆登市的露德聖母醫院。醫生連忙把孩子送進一間病房，然後就只能等待了。他們孤獨地站著。他們能做些什麼？誰能做些什麼？

奧勃特與莎拉在冷清的走廊裡，祈禱著他們的孩子能活下來。

幾小時後，她死了。

那是一次嚴重的氣喘病發作，麗娜一生中的第一次，也是最後一次。若在今天，她很可能救得活。只要醫生開立處方讓她使用一種吸入劑，可能沒什麼大不了。

但昨天不是今天。那天晚上，大法師只能聽一個他從未謀面的醫生說出那句他想像所及最可怕的話「**我們救不了她**」，此外什麼也不能做。怎麼會發生這種事？那天稍早，她一切正常，一個愛玩的小孩，眼前有大片人生等著她。**我們救不了她**？生命的邏輯在哪兒？人生的秩序在哪兒？

接下來幾天都一片模糊。有一場葬禮，一口小棺材。大法師在墳旁唸了悼亡禱告文；這份禱告辭他曾經為那麼多別的人念誦過，文中沒有一個字提到死，但日後將要在每年的忌日複誦一遍。

**「願上帝偉大的名在他所造的世間遍享榮耀，被奉為聖……」**

一小鏟泥土撒在墳上。

麗娜下葬了。

大法師那年三十六歲。

「我詛咒上帝。」談起這件事時，他向我承認：「我問了上帝一遍又一遍：『為什麼是她？這個小女孩做了什麼？她只有四歲。她沒有傷害過任何一個靈魂。』」

你得到了回答嗎？

「我仍然沒得到答案。」

這讓你生氣嗎？

「有一陣子，我非常憤怒。」

你詛咒上帝會有罪惡感嗎——尤其是以你的身分來說？

「不會。」他說：「因為即使在我詛咒的時候，我也承認了有比我偉大的力量存在。」

他頓了一下。

「我就這麼開始痊癒。」

那天晚上，大法師回到講壇，聖堂裡坐滿了人。有人是前來向他致哀，也有人，無疑是出於好奇。但私底下，大多數人想的是同一件事：「現在這種事發生在你身上，你怎麼說？」

大法師知道這一點，所以他那麼快就回來視事。照理，他有三十天的喪假，他卻在事發後的第一個星期五就露面了。

他站上講壇，所有的人安靜下來。他用他唯一懂得的方式來說話——他發乎內心說話。他承認，是的，他吶喊著祈求一個答案。身為一個為上帝工作的人，他也完全不能豁免於再也不能把小女兒抱在懷中的眼淚與痛苦。

但是，他指出，是那些他即使詛咒也不得不進行的悼亡儀式——那些禱告、撕破衣服、不理髮剃鬚、遮住鏡子——幫助了他把持自己，沒有忘記自己是什麼人。

「從前我對別人說的話，現在我必須說給自己聽。」他承認，這麼做的時候，他的信心面臨最嚴酷的考驗：飲下他自己的靈丹，治療他自己的心碎。

他告訴聽者，悼亡禱文的字句如何引他深思：「我是這兒的一部分；有朝一日，我的兒女會為我念誦我現在為我女兒念誦的禱告詞。」

信仰安慰了他，雖然信仰不能使小麗娜免於死亡，卻使她的死比較容易承受一些；信仰讓他記得：我們都是某一股強大力量的脆弱小零件。他說，他的家人很幸運，能在世上擁有這個孩子，雖然只是短短幾年。有一天他會再見到她。他相信這件事，這帶給他安慰。

他講完以後，幾乎每個人都在哭。

「好多年後，」他告訴我：「每次我去到失去親人的人家中，尤其是那些失喪了年輕成員的家庭，我安慰他們時，都會試著回憶當初是什麼安慰了我。有時我們靜靜坐著，就只是坐著，頂多再握著手。讓他們說，讓他們哭。過了一會兒，我看得出他們好過多了。

「出門的時候，我會這麼做——」

他用一根手指碰一下舌頭，然後指著天空。

「給妳加一分，麗娜。」他微笑道。

現在，在他家後廂，我握著大法師的手，就像他從前握住別人的手。我試著微笑。他在眼鏡後面眨眼。

好了，我說，我很快會再回來看你。

他微微點一下頭。

「你……好的……是的……」他低聲說。

沒有什麼能做的了。他已經說不出完整的句子了。每一次嘗試與他對話的努力都沒有用，都令我覺得只是更讓他覺得受挫。他好像意識到發生了什麼事，我擔心我臉上的表情會透露出我感受到了錐心的失落感。這怎麼公平？這個睿智又有口才的老人，幾個星期前還在大談神學，現在卻被剝奪了他最寶貴的官能；他再也不能教導，再也不能用他美好的心靈編織美好的字句。

他也不能再唱歌了。

他只能捏一把我的手指頭，然後張開嘴，闔上嘴。

搭飛機回家途中，我寫下幾個句子。那篇祭文——我擔心，終於到了截稿時間。

# 大法師的一段講道

如果各位問我，你們也應該要問我，爲什麼這麼一個美麗可愛的孩子，一個原本有那麼多可以付出的孩子，竟然死了。我沒辦法給大家一個理性的答案，因爲我不知道。

但我找到一個聖經的註解，傳統上以爲始祖亞當是最長壽的人，他活了一千年。事實不然。追尋答案的智者告訴我們下面這個故事：

「亞當請求上帝讓他看見未來。於是主說：『跟我來。』他帶亞當穿過天國一個一個房間，房間裡有未來即將誕生的靈魂在等待他們的時機。每個靈魂都是一朵火焰。亞當看見有些火焰明亮純淨，有些火焰卻暗淡無光。

「後來他看到一朵特別美麗的火焰，清晰、熾烈，金黃中帶有橘色，擁有治療的力量。亞當說：『哦，主啊，那一定是個了不起的人。它會在什麼時候誕生？』

「上帝答道：『抱歉，亞當，那個靈魂雖美，卻不可能誕生。它註定要犯罪，玷污它自己。我決定不讓它糟蹋自己，讓它豁免於這項恥辱。』

「亞當哀求：『可是主啊，人類需要有人教導他們，帶領他們。求求你，不要剝奪我兒孫的機會吧。』

「主溫言回答：『決定已經做成。我沒有壽命可以分配給它。』

「於是亞當壯起膽說：『主啊，要是我願意把我一部分的壽命送給那個靈魂呢？』

「上帝回答亞當：『如果你希望如此，我可以答應。』」

我們聽說，亞當去世時不是一千歲，而是九百三十歲。許多世代後，有個孩子誕生在伯利恆。他成爲以色列的統治者，而且擅長唱甜美的歌。他率領人民、鼓舞他們，後來他去世了。聖經最後說：「看啊，大衛王活了七十歲，而後下葬。」

朋友們，有時候人家問我們，爲什麼有些人年紀那麼輕就離開人世，我只能依賴我們的傳統智慧作答。確實，大衛的壽數以他生存的時代來看不算長。但他在世的時候，教導並啓迪了人們，留給我們偉大的靈性遺產，包括聖經《詩篇》。那些詩篇中的第二十三首，常在喪禮中響起：

主是我的牧者，我必不致缺乏。

他使我躺臥在青草地上：
領我在可安歇的水邊。
他使我的靈魂甦醒……

能認識我的女兒麗娜四年，豈不是比完全不認識她更好嗎？

# 冬

後來有人帶一個癱子來見耶穌，是用四人抬來的。因為人多無法接近耶穌，他們就把屋頂拆了一個大洞。

——《馬可福音》第二章三至四節

# 冬至

星期天早晨，大雪橫飛，我拉開教堂寬闊的大門，踏進前廊。禮堂裡寒冷刺骨——而且空蕩蕩沒有人。屋頂那個洞就在我正上方。我聽見狂風拍打著藍色防水布的響聲。風琴聲不知從什麼地方傳來，但周圍不見人影。

「噓。」

我轉身，看見那個高額頭的瘦子手指著旁邊一扇門。我走進門，看了兩遍，簡直無法相信自己眼睛所見。

這是一間臨時湊數的迷你教堂，只有短短兩排座椅，一塊塑膠布用釘書機釘在兩吋厚、四吋寬的木條上，當作「牆壁」。它像是小孩子在閣樓裡搭的遊戲城堡。上方也有塑膠布包覆，形成低矮的天花板。

顯然因為沒有暖氣抵抗嚴寒，這座教堂只好在聖堂內部另外搭一個塑膠帳棚。會眾擠在有限的座位上。狹小的空間讓人感覺比較不冷，雖然大家仍穿著大衣。目前柯文頓牧師就在

因繳不出費用，暖氣沒了，教堂裡寒氣徹骨。

這地方舉行週日禮拜。他用小講台取代宏偉的大講壇。背後看不見矗立半天高的管風琴，只有一面黑白兩色的旗幟釘在牆上。

「我們感謝你，上帝。」我鑽進後排座位，聽見亨利正在說：「希望之神……我們獻上感謝與讚美……以耶穌的名，阿門。」

我掃視一眼四周。屋頂上有個破洞，暖氣被切掉，現在又冒出這頂塑膠祈禱帳棚，真讓人懷疑這座教堂什麼時候會整個兒消失。

亨利那天談到了根據人的過往論斷他

們是怎麼回事。他開口就感嘆，擺脫過去的惡習多麼困難，毒癮尤其難以戒除。

「我知道那是怎麼回事，」他大聲說：「我知道你發下毒誓說：『我再也不做這種事……下次我有了錢，我一定要做這個，做那個。』然後你回家，對你心愛的人承諾：『我錯了，我要痛改前非』——」

**「阿門！」**

「後來你弄到一點錢，又把所有那些承諾都扔到窗外去了。」

**「是的！」**

「你對於這種噁心又無聊的生活真是受夠了——」

**「受夠了呀！」**

「但總有那麼一次，你對上帝承認，這玩意兒比我厲害——它比勒戒計畫還厲害——它比教堂裡那個牧師更厲害……我需要你，主啊……我需要你，耶穌啊……」

他開始拍手。

「但你們一定要像斯摩基．羅賓森[16]一樣……」

他扯開嗓門唱歌。他唱了兩句〈你真的套牢了我〉（You Really Got a Hold on Me）。

然後繼續講道。

「也許你到了超級市場，買了一些日用品，然後有人找你兜售，你覺得把持不住……你買日用品花了七十塊錢，但是你願意二十塊就把它送出去……」

**「十五塊！」**

「對了，大哥……十五塊……沒錯，如果你拚了命也要過一次癮……我告訴你們，我知道陷在裡頭是怎麼回事，我也知道想擺脫它是怎麼回事。」

**「阿門！」**

「我們一定要對抗這種東西。而且，你自己脫身還不夠，如果別人正在努力，你一定要對他們有信心——」

**「教導我們，牧師！」**

「《使徒行傳》裡，我們讀到，保羅改變信仰以後，人家不信任他，因為他從前迫害教會，現在卻讚美它。『**這是同一個人嗎？**不可能！才怪。』……人家就是看不見現在的你，真是的，因為他們想把你留在過去。好比我們帶領教友的最大困難就是，他們在我們歸主之前就認識我們了——」

**「是的！」**

「保羅也遇到相同的問題……他們見過以前的他……他們不相信這個人是主耶穌派來的，因為他們見過他以前是怎樣——」

**「對的！」**

「他們只看他的過去。當我們還在用過去看待自己，就看不見上帝做了什麼，看不見上帝**能**做什麼。我們看不見發生在我們生命裡的小事——」

**「趕快告訴我們吧。」**

「人家告訴我，我是個好人，我都說：『我是在努力呀。』但另外有些人老早就認得我，每次我回紐約，他們聽說我在教會裡做牧師，就會突然說：『我知道你拿了錢，小子。我**知道**你一定拿了錢，我**太了解**你了。』」

他頓了一下，降低聲音。

「不對，我說。你們**曾經認識**我，你們清楚那個人，但你們不認識我努力著想要成為的那個人。」

坐在後排的我，感到一陣羞慚穿過心頭。說真的，我也曾經與那一類的偏見搏鬥。我一直懷疑亨利回到紐約的世界之後，會不會哈哈大笑說：「好耶，我有新花樣可以玩了。」

然而他在這裡，在一個塑膠帳棚裡傳道。

「你**不**等於你的過去！」他告訴會眾。

你可曾聽過牧師講道時彷彿單單針對你一個人大聲吶喊？發生這種事的時候，往往是因為你自己的關係，與傳道人無關。

# 12月

## 善與惡

我以為，大法師頑強地活了這麼多年，一定能打敗所有的疾病；可是他不見得每種情況都克服得了。

後來發現，這場使他癱瘓在椅子上，頭腦混沌，話也說不清楚的怪病，並不是中風，而是由於他罹患多種慢性病所導致的一種不幸後果。他同時服用幾個醫生所開的幾種藥方，這使得他現在服用的「癲癇停」藥物——很諷刺，給他吃這個藥是為了控制發病——到了過量的程度，引起中毒。

說得簡單一點，是藥丸把大法師變成了一個稻草人。

經過可怕的幾個月，找到了問題癥結之後，藥量立即做了調整。不消幾天，他就脫離失能的恍惚狀態。

我先在與季拉通電話時得知這消息，接著又接到莎拉來電。

「太神奇了……」她們說：「真是太好了……」

她們的語氣裡有種我好幾個月來沒聽到的喜悅，彷彿夏天出乎意料來到他們家後院。然後我搭飛機趕到東岸，親自走進他們家，第一眼看到大法師坐在他的辦公室裡——說真的，我但願有能力描述那種心情。我讀過故事報導病人在昏迷多年後忽然醒轉，要求吃一塊巧克力蛋糕，親人個個張口結舌，無法置信。大概就是像那樣。

我只記得，他在椅子上轉過身來，仍穿著那件有許多口袋的背心，伸出骨瘦如柴的手臂，興奮地瞇起皺紋密布卻好像會射出光芒的眼睛，微笑著用歡喜的聲音說：「哈囉，陌生人」——我真的覺得親眼目睹一個人從死裡復活了。

感覺像什麼？一坐定下來我就問他。

「一層霧。」他說：「像個黝暗的洞。我在這兒，但不知怎麼回事，我又不在這兒。」

你有沒有以為那是……你知道……

「結束？」

是啊。

「有時候會以為是。」

那種時候，你都想些什麼？

「我想到的大部分是我的家人。我想安慰他們，但我一點辦法也沒有。」

你把我——我們大家——嚇壞了，我說。

「我很抱歉。」

別說抱歉，又不是你的錯。

「米奇，我一直在問自己，為什麼會發生這種事。」他揉揉下巴說：「為什麼我會得到……豁免，就說是豁免好了。畢竟，只要再多一點點，那個，那個……叫什麼的？」

毫克？

「就是它，毫克。多個幾毫克，我就嗚呼哀哉了。」

你不生氣嗎？

他聳聳肩膀。「這麼說吧。我當然不高興，如果這是你要問的。但我必須相信，醫生已經盡了最大的努力。」

我無法相信他如此寬容。大多數人恐怕這時候已經到律師事務所去，準備控告醫生了。

我猜大法師認為，他之所以獲救是另有原因的，絕不是為了要他去打官司。

「或許我還有一點什麼可以付出。」他道。

或者獲得。

「有付出，就有獲得。」他說。

我就知道他會這樣說。

我早知道大法師是這句老生常談的忠實信徒。幫助別人確實是他最大的快樂。但我以為，替上帝工作的人別無選擇。宗教要求他努力朝向林肯所謂「人性善良的一面」發展。

但，另一方面，拿破崙曾經鄙棄宗教，說它是「窮人沒去殺死有錢人的主要原因」。也就是說，要不是因為害怕上帝，或者是遭到下地獄的報應，我們這些人什麼事都做得出來。

最近的頭條新聞顯然支持這論調。幾個月來，印度發生恐怖分子爆破火車事件，安隆詐騙案裡那些貪婪的主管已被判刑，一個卡車司機在一所艾米許團體所設立的小學裡射殺五個小女孩，加州一位以遊艇為家的州議員因收下數百萬美元賄款鋃鐺入獄。17

有人說人性本惡，你覺得這麼說正確嗎？那天我問大法師。

「不正確。」他道。「我相信人性有與生俱來的善。」

所以我們**確實**有善良的一面？

「在內心深處，是的。」

那麼我們為什麼會做那麼多壞事？

他嘆口氣：「因為上帝給了我們一樣東西，自由意志，也就是選擇的自由。哎，有時候這種自由太多了一點。我相信上帝提供我們的材料足夠建立一個美麗的世界，只要我們運用智慧做出選擇。

「但我們也可能做出很壞的選擇。我們會把情況搞得一塌糊塗。」

人在善惡之間可以改變嗎？

大法師緩緩點頭：「可以變善，也可以變惡。」

人類本性是善是惡，這個問題糾纏了我們幾百年。如果一個小孩在與外界隔絕的環境中成長，不接觸社會、媒體和各種人際網絡，這個孩子長大後會變得仁慈而心胸寬大，還是凶猛嗜殺，凡事只考慮個人生存？

我們永遠不可能知道。我們不是野狼撫養長大的，但我們無疑需要克服天性裡幾種互相矛盾的衝動。基督教認為，撒旦用「惡」誘惑我們。印度教認為，「惡」是生命在尋求平衡時所遇到的挑戰。猶太教把人類追求正義與追求惡的傾向比喻成一對交戰的精靈；一開始，惡靈可能像蜘蛛網一樣遇風即破，但若容許它成長，它會變得像拉車的纜繩一樣粗壯。

大法師有次講道時談到，同一件東西在人生中可以是善，也可以是惡，端視我們如何發揮自由意志運用它。話語可以是祝福，也可以是詛咒。金錢可以救命，也可以毀滅。科學可以治病，也可以殺人。就連大自然也可能造福你或傷害你：火可以取暖，也會造成災害；水維持生命，但洪水可以沖走許多條人命。

大法師說：「可是我們在創世的故事裡看不到『壞』這個字。上帝造物沒有壞的。」

所以上帝讓我們自行判斷？

「他讓我們自行判斷。」大法師答道：「不過，我相信有時候上帝會握緊拳頭說：『不行，別那麼做，你會給自己惹來麻煩。』你或許會說，上帝幹嘛不直接介入？他何不把負面因素都消除，只強調好的？

「因為上帝打從一開始就說：『我要把這個世界交到你手中。如果什麼事都要我作主，就不是你在負責了。』所以我們被創造出來的時候，每個人裡面都有一小片的神。我認為，透過這個叫做自由意志的東西，上帝懷著愛心每天看著我們，祈禱我們會做正確的抉擇。」

你真的認為上帝會祈禱？我問。

他說：「我認為上帝與祈禱是糾纏在一起的。」

我瞪著他看了一會兒，見他能如此侃侃而談，分析事理，同時開玩笑，我感到不可思議。才不過幾個星期前，他讓大家束手無策，淚流滿面，現在卻可以這樣。他女兒說這是奇蹟。或許真是奇蹟。看到他好轉，我鬆了一口氣——祭文可以再等一等。

我們聽見汽車按喇叭。計程車來了。

「總之，就這樣，」他邊穿外套邊說：「這是我最近生活的情形。」

我站起身，擁抱他一下，比平常稍微緊一點兒。

別再嚇人了，好嗎？

「啊。」他笑起來，伸出大拇指比著天空：「這件事你得找我老闆談。」

# 卡斯的故事

**我最近生活的情形**。我喜歡這個句子，聽起來比**我一生的故事**更有道理，因為我們從生到死經歷過太多段生活。童年，成長。流浪、定居、戀愛、生兒育女、信守自己做出的承諾、領悟到人人終有一死——少數幸運的人在有此覺悟之後還來得及做點什麼。

大法師做到了。

還有其他人也做到了這一點。

亨利沒有——雖然他確實經歷了不少人生故事。

但我現在要講的是亨利身邊那位忠貞的長老，那個獨腿的男人，他不斷催我、哄我，直到終於有個寒冷的晚上，在教堂裡用塑膠布圍起來的區域，他用沙啞的聲音說：「米奇先生，我非得告訴你這件事不可……」

結果，綽號卡斯的安東尼．卡斯洛確實有一個讓人目瞪口呆的故事：他出身大家族，曾經是一個明星運動員，曾經從軍，而後返鄉，淪為毒販。

「不過那都不重要。我**真正**要講給你聽的故事是這個……」

以下是他最近生活的情形。

「十八年前，那時我還有兩條腿，我肚子上挨了一刀，被刺中的那個部位叫做『情人的把手』。那時我在街頭販毒。兩個小子走過來，一個從背後抓住我，另一個搶走我的毒品並且刺了我一刀。我差點死在醫院裡。我大量出血，醫生說我活得過那個晚上就算命大了。但我出院了，出院以後，我又回去販毒。

「過了不久，毒品就害我進了監獄。我被判了三年。我在監獄裡做了穆斯林，因為穆斯林都很乾淨，他們會照顧好自己的身體。一個名叫烏瑟的老兄教我如何禱告，你知道的，每天五次，跪在蒲團上，唸著：『阿拉最偉大』。

「可是呢，烏瑟這小子每次做完禱告都會小聲說：『以耶穌之名，阿門。』有天我把他拉到一旁問個清楚。他說：『聽著，老兄，我在這裡頭做穆斯林，可是我的家人在外頭，他們都是基督徒。我不知道來生是歸阿拉還是耶穌基督管，只要進得去就好，懂我意思嗎？因為我回不了家了，卡斯。我會**死**在這裡頭，你知道嗎？』

「就這樣，我出獄以後，又糊塗了。我遠離了所有與上帝有關的東西，又回到毒品裡——快克、藥丸、大麻。錢花光了。無處可去，我就回我小時候住的賈弗利社區[18]，那兒已經廢棄，準備拆除。我踢開一戶空屋的後門，進去睡覺。

「那是我承認自己無家可歸的第一晚。」

卡斯說著，我邊聽邊點頭，但我還不確定他說這故事的用意何在。他把帽子往下拉低蓋住耳朵，眼鏡和花白的鬍鬚使他看來頗有藝術氣質，像一個上了年紀的爵士音樂家，但老舊的咖啡色夾克和斷腿透露更多真相。他說話的時候，僅存的幾顆牙齒像黃色的矮籬笆樁突起在牙齦上。

他打定主意要把故事講完，我只好搓搓手取暖說道：「講吧，卡斯。」白煙從我嘴裡噴出來，教堂裡就是這麼冷。

「好的，米奇先生。重點來了：我好幾次差點死在國宅裡。有次我夜裡回來，才剛進門，就有人用槍敲我的後腦勺，把我頭蓋骨都打破了。我始終不知道他們為什麼找上我。他們把我丟在那兒流血等死，我褲子被剝下來，口袋被翻轉出來。」

卡斯湊上前，扯下頭上的帽子。他頭上果然有道三吋長的疤痕。

「看見了嗎？」

他把帽子戴回去。

「那種時候，每天晚上你不是吸毒就是喝得爛醉，總要做點什麼，才能面對自己無處可去的現實。我打各種零工賺錢。我替一家酒吧倒垃圾。我還乞討，當然我也直接行竊。曲棍球隊和棒球隊有賽程的時候，我會溜進球場，偷幾個那種橘色的玩意兒，只要穿得體面點，就可以招呼人家把汽車停進來。你說：『停在這兒。』然後拿了他們的錢，回廢國宅去吸毒。」

我搖搖頭。我看過那麼多場曲棍球賽和棒球賽，說不定我也曾給過卡斯幾張零票。

「我過了將近五年遊民的生活。」他說：「五年。在廢棄的國宅裡東睡一晚，西睡一晚。有個冬天晚上，下雨，我在巴士站差點凍死。我的蠢屁股坐在那兒，無處可去。我又餓又瘦，肚皮都快貼到背心了。

「我有兩條長褲，兩條都穿在身上。我有三件襯衫，也都穿在身上。我有一件灰大衣，充當枕頭、被蓋和其他萬能的用途。我還有一雙破了好多洞的Converse球鞋，我在腳上撒了好多小蘇打粉，免得腳臭。」

你哪來的小蘇打粉？

「咦，你一定知道的嘛——我們都吸食海洛因快克。煮快克，就會用到那玩意兒。**每個人都有小蘇打粉！**」

我低下頭，自覺很愚蠢。

「後來我聽說這個紐約來的人，柯文頓。他開著一輛老爺車，在這一帶跑來跑去。有個教會派他來，所以我們叫他神奇大法師。」

神奇什麼？我問。

「大法師。」

卡斯瞇著眼睛挨過來，那神情彷彿他講到現在還只是序曲而已。

「大法師每天都來，載滿食物——食物堆放在引擎蓋上、後車廂裡。蔬菜、牛奶、果汁、肉類。肚子餓的人都可以分到一點。有次他車子一停，已經有四、五十個人在排隊。

「他不要求什麼。他最多就是在最後會說一句：『記住，耶穌愛你。』遊民都不想聽太多那種話。因為，你講完了耶穌，我還是得回去睡那棟空蕩蕩的房子，是吧？

「過了一陣子，牧師爭取到一些救濟單位提供食物給他，他就在自己家旁邊的空地上分發食物給大家。我們幾個人在他家旁邊搭了烤架，把食物加熱。住在好幾條街外的人也會來，帶著碗，有湯匙的人也會帶湯匙來——我看過有人把食物裝在塑膠袋裡，用手拿著吃。

「牧師會在他家對面舉行一個小禮拜，向上帝謝恩。」

且慢。在室外？他家對面？

「我就是這麼說的。所以很快，我們就喜歡他這個人了。我們看見他來都說：『神奇大法師來了。毒品藏起來！酒也藏起來！』他會給我們一點錢，幫他把卡車運送來的東西卸下來，火雞、麵包、果汁什麼的。我跟另一個傢伙訂了一套我們自己的卸貨規則：一件給教堂，兩件給我們。我們把我們的份兒扔進樹叢，晚點再回來拿。

「後來，牧師來找我說：『你夠吃嗎，卡斯？只拿你需要的就好。』他知道我在幹什麼。

「我覺得很慚愧。」

「有天晚上，在廢國宅裡，我剛過完癮，就聽見牧師喊我的名字。我羞愧得不敢出去。我眼睛瞪得像盤子那麼大。他問我隔天能不能幫他修整一下草坪。我說，當然可以啊。他就給我十塊錢，說，明天見。他離開之後，我一心只想跑到樓上，買更多毒品，再過一次癮。但我不願意這樣花他的錢。所以我跑到馬路對面，買了罐頭肉和餅乾——總之不要把錢花在毒品上就好。

「那天晚上，跟我住同一個地方的小子，趁我睡著，偷走了水槽底下的水管——那水管是銅管，可以賣錢。他跑掉了，水不斷湧出來。我在地板上驚醒，滿屋子淹水，我就要被沖走了。

「我唯一的一件衣服全毀了。我到牧師家去說：『對不起，我不能替你工作了。我全身濕透了。』我告訴他那小子讓我多麼惱火，他說：『卡斯，別氣了。有時候那種人的下場比你更慘。』

「然後他叫我去教堂，他說：『上樓去，我們有幾包衣服，挑幾件你想要的。』所以我拿到一些衣服——米奇，這是不知道多久以來我第一次穿到乾淨的內褲。還有乾淨的襪子、一件襯衫。我回到他家，他說：『然後你要住哪裡，卡斯？』

「我說：『不知道，我家淹光了。』他進去跟他太太商量了一會兒，然後出來說：『要不要跟我們一塊兒住？』

「這下子我真的大吃一驚。我替這人幹過一點兒活，我偷過他的食物。現在他把家對我敞開？

「他說：『你要不要考慮一下？』我就說：『有什麼好考慮的？我是個遊民哪。』」

亨利沒跟我提過這件事，我說。

「所以**我**才要告訴你呀。」卡斯說：「那天晚上我就搬去跟他的家人一起住。我在那兒待了將近一年。一年！他讓我睡他客廳裡的沙發。他家人住樓上，他們有很小的小孩。我對自己說，這個人不認識我，他不知道我會做出什麼事，可是他信任我。」

他搖搖頭，望向別處。

「那樣的仁慈救了我。」

我們默默對坐了一會兒，安靜而寒冷。現在我對「手足守護會」這位長老的了解可超過我的預期了。

但，我仍然不知道他的動機。

接著卡斯告訴我：「我看到你看柯文頓牧師的眼神。你常來。也許他不符合你心目中牧師該有的樣子。

「但我真的相信，主是看在這個人分兒上，才給了我第二次機會。我死後，耶穌會彌補我的不足，我的聲音會被聽到，主會說：『我認識你。』而且我相信柯文頓牧師會受到相同的待遇。」

安東尼·卡斯洛急切地說出他的故事，卻不是為了他自己。

但亨利這輩子做了不少壞事，我說。

「我知道。」卡斯說：「我也做過。但不要拿我跟其他人比，上帝是拿你跟你自己比。

「也許你得到的都是行善的機會，你即使只做過一點點壞事也根本算不上壞事。可是，因為上帝把你放在一個永遠可以行善的環境裡，所以你一做壞事，你就讓上帝失望了。

「另外有些人，得到的都只是作惡的機會，總是跟壞事打交道，就像我們，這種人終於行了一點善，上帝就會很高興。」

他露出笑容，幾顆不按牌理生長的牙齒從嘴唇裡突出來。我終於明白他為什麼那麼急切想把他的故事講給我聽了。

完全不是為了他自己。

「你們真的稱呼亨利『大法師』？」我問。

「是啊。怎麼了？」

沒什麼，我說。

有什麼是寬恕辦不到的呢？

——維杜拉（Vidura）[19]

# 致歉

距耶誕節還有幾星期，我來到大法師家門口。我把手插在口袋裡。幾星期前，他在胸腔裡裝了一個心律調節器，手術過程很順利，可是，如今回想，我覺得那是他的孤注一擲。他的健康就像氣球裡的氣正在慢慢外洩。他趕上了自己的九十壽誕──他對孩子們開玩笑說，他九十歲以前，凡事由他作主，以後孩子們想幹什麼都隨他們了。

能活到這個里程碑也許已經夠了。他幾乎不再吃什麼東西──一片烤吐司或水果就當一餐──在家門口的車道上來回走兩趟，就算是劇烈運動了。他仍然搭那位印度籍居家照護員兼朋友蒂拉的車去猶太教堂。教堂的人會扶他下車，坐進輪椅，進到教堂裡面，他會向安親班的孩子打招呼。在夏普萊超市，他用購物車當助行器，緊緊抓著把手保持平衡。他會與其他購物者聊天。他奉行經濟大蕭條時期養成的習慣，只買「五折」區的麵包與蛋糕。蒂拉看到了，翻了白眼，他就說：「不是因為我缺錢──而是因為我**搶到了**。」

他是個快樂的人，是出自上帝巧手的傑作，看著他一天天殞落，實在令人傷心。

在他的辦公室裡，我幫他搬箱子。他想送我一些書，說是留下那些書會讓他心碎。我看著他坐在輪椅上，滑動到一堆書前面，撫書追憶，然後一本本放下，轉往另一堆。

如果你可以為了上天堂而整理行李，就該這麼做：觸摸每一件東西，什麼也不帶走。

到這個節骨眼上，你還覺得需要原諒哪個人嗎？我問他。

「我已經原諒每一個人了。」他說。

每一個？

「是的。」

他們也原諒你了嗎？

「希望如此。我已經請求他們原諒我了。」

他望向別處。

「你知道的，我們有一項傳統，你去參加葬禮時，應該要站在棺材旁邊，請求死者原諒你做過的每件事。」

他扮了個鬼臉。

「就我個人而言，我不想等那麼久。」

我記得大法師最公開的一次致歉。那是他最後一次以本堂資深拉比的身分在大節期講道。

他大可利用這個機會回顧他的成就，但是他請求教友寬恕他。他說真抱歉他沒能挽救更多場婚姻，沒能更常拜訪臥病在家的人，沒能為失去孩子的父母紓解更多傷痛，沒有錢幫助鰥寡者或經濟陷入困境的家庭。他為他沒能花足夠時間教導的青少年致歉。他因不能再到職場參加自備午餐的座談致歉。他甚至為沒有每天進修的罪愆致歉，雖然那都是因為疾病或其他邀約占據了他寶貴的時間。

「為了這一切，寬大的上帝啊，」他做了結語：「請原諒我，寬恕我……」

表面上，那是他最後一場「大」講道。

他最後一句話是：「賜我贖罪的機會。」[20]

大法師勸我不要等待。

「米奇，生氣或懷恨都是不好的。」

他一手握拳：「這會使你內心翻攪。它對你的傷害大過於你所生氣的對象。」

所以就算了嗎？我問。

「或者從一開始就不讓這種氣發生。」他道：「你知道這麼多年來我發現了什麼嗎？如果我跟某人意見不合，他們來找我談，我總是一開始就說：『我想過了，在某些方面恐怕你是對的。』

「話說回來，我不見得總是那麼想。但這樣說有助於讓氣氛變輕鬆。他們一聽就會放鬆，接著就可以協商。我面對火藥味濃厚的情況，然後我——該怎麼說……」

拆除引信嗎？

「對，拆除引信。我們需要這麼做，尤其跟家人相處時。

「你知道，在我們的傳統裡，要向每個人請求原諒，就連對只有幾面之緣的人也要做到。但是我們對最親近的人，妻兒父母，卻常常拖著。米奇啊，不要等。這種等待真是浪費。」

他給我講了一個故事。有個人埋葬了他的妻子。在墳墓前面，他站在大法師身旁，淚流滿面。

「我愛她。」他低聲道。

大法師點點頭。

「我是說……我真的愛她。」

這人嚎啕大哭起來。

「而且……有一次我差點就告訴她了。」

大法師看著我，神情哀傷。

「沒有說出口的話，比什麼都令人耿耿於懷。」

後來，我請大法師原諒每一件我可能說過或做過的令他難過的事。他微笑著說，雖然他想不起來我做過或說過什麼事令他難過，但他會「當作這些都已經化解了」。

好啊，我開玩笑說，我很高興我們把這件事解決了。

「你清白了。」

時機最重要了。

「說得好。所以古聖先賢告訴我們，要在死去的前一天悔改。」

但我們怎麼知道哪天恰好就是死前一天呢？

他挑起眉毛。

「沒錯，我們就是不知道。」

我要賜給你們新心，將新靈放在你們體內；
我要除去你們的石心，換成肉心。

——《以西結書》第三十六章二十六節

# 重大考驗

這個星期，底特律在過耶誕節，但屋前插著的「房屋出售」招牌好像比閃爍的燈串還多。上街的人不怎麼買東西。小孩也收到警告，不要對耶誕老人期望過高。我們這一代的經濟大蕭條正在蔓延，大家都感受到了；我們把不景氣掛在臉上。

聽伯爾大道上，亨利牧師的教堂籠罩在黑暗中。他們負擔不起室外照明——如果不拉開側門，可能根本不會知道教堂裡面有人。我從來沒見這地方光線充足過。室內只能用「暗淡」二字形容，彷彿電力也跟它的牆壁一樣老舊。

那天晚上與卡斯交談，指點了我一個認識亨利的方向——找他的會眾聊一聊。

比方說，在這個教會佔少數的白人教友裡，有位丹恩告訴我，幾年前他是個無家可歸的酒鬼，晚上睡在底特律貝爾島[21]的手球場裡。他每天要喝一瓶七百五十毫升的烈酒，外加一打啤酒，喝到醉昏過去，醒來又從頭再喝一天。一個寒冷的晚上，他來到教堂，大門已經關了。亨利坐在車上，看見丹恩步行離開，把他叫過去，問他是不是需要一個地方住。

「他根本不知道我是哪根蔥。」丹恩告訴我：「說不定我是個連續殺人魔。」最後丹恩在教堂裡一連住了三十天，把酒給戒了。

另一個會眾，一個精力充沛的矮小婦人，名叫秀麗，她記得以前每逢星期五晚上或星期六下午，就有二、三十個小孩睡在亨利的小屋子裡。他把這個小團體稱做「和平團」，教他們烹飪，帶他們玩遊戲，但主要是讓孩子們有安全感。秀麗深深受到亨利的感召，於是也在教會裡擔任長老。

有個名叫佛瑞迪的人，帶我去參觀教堂三樓一個放著木床的私人房間，他就住那兒。他說他在街頭流浪時，亨利給了他這個房間。一位名叫露安的女士指出，亨利主持葬禮或婚禮從不收費，總是說：「主會回報我們的。」

然後是瑪琳，一個生得漂亮但有一雙悲傷杏眼的女人，她告訴我一個吸毒與暴力交織的殘酷故事，最後她被逼得與同居男人正面衝突：男人把她和她兩歲的兒子拖下床，猛打她，然後把他們推下樓梯。母子倆摔在一塊有釘子的舊木板上，兒子額頭上劃了一道大傷口。那男人不准他們去醫院。他把他們當作囚犯，無視他們血流滿面。

兩天後，男人終於離開那棟房子。瑪琳抱起兒子就跑——除了穿在身上的一身衣服之外，她什麼也沒帶。到了警察局，有位警官打電話給亨利，讓亨利在電話上跟瑪琳交談。他的口氣聽起來很關切，也令人覺得放心，所以瑪琳拜託警察送她去亨利的教堂，雖然她不曾見過他。亨利給了瑪琳和她兒子熱騰騰的食物和睡覺的地方——此後她就一直在這座教堂做禮拜。

我想到，基督教或猶太教的教會通常都要建立穩固的會眾基礎。有的會經營學校，有的舉辦團契活動，有的則安排單身聯誼、系列演講、舉辦節慶活動或募款活動；不足的經費就靠年費補貼。

「手足守護會」既沒有收取年費，也沒有募款，連單身聯誼都沒有。會員人數的成長倚靠的是舊時代的方式：對上帝的迫切需求。

儘管如此，這些故事無法幫助亨利解決暖氣和帳單的問題。他的週日禮拜仍然在塑膠帳棚裡舉行。遊民們仍然在風扇的噪音中度過長夜，他們躺下入睡時，還是得把大衣穿在身上。初冬寒氣凜冽，教堂門前台階上積雪已經堆高。

我在報上發表的文章素來不涉及宗教題材，但我覺得有必要向《底特律自由報》（*Detroit Free Press*）的讀者披露這些狀況。我訪問了幾個遊民，包括一位曾經表現很優秀的棒球員，但他由於在廢棄的汽車上過夜，染上凍瘡，不得不把十根腳趾頭全部截除。

我向報社發了這些報導，但有些因素仍令我感到不安。

於是有天晚上，正逢耶誕節前夕，我去了亨利家裡。他就住在教堂的同一條街上。十六年前他剛到底特律時，用這棟房子抵押，借了三萬塊錢。今天恐怕值不了那麼多錢了。房子的磚砌正面顯得很老舊，前門鬆脫，快要掉下來了。他一度供應附近居民食物的空地上，覆蓋了一層冰雪與爛泥。他們儲存食物的棚子還在，上面罩著網子，以防小鳥來偷吃。

亨利坐在客廳裡一張短小的長沙發上——卡斯曾經在這兒睡過一年。他頭部著涼，有點不適，咳了幾聲。他的家很整潔，但很清寒。油漆剝落，廚房裡的天花板垮了一半。他顯得比平時憂傷。或許是節日的關係。牆上掛著他孩子的照片。孩子們今年顯然不會收到太多耶誕禮物。

販毒那段歲月裡，如果亨利想要電視機，顧客會拿電視來跟他換毒品。要珠寶嗎？要名牌服飾嗎？他連大門都不用跨出去。

我問他，加入傳教這一行時，可曾想過他有朝一日會比從前更發達？

「沒有。」他說：「我認為我應該為窮人工作。」是啊，我開玩笑說，但是你不需要**模仿**窮人哪。

他看一眼家徒四壁的房子，深深吸一口氣。

「我就在我應該在的地方。」

此話怎講？

他垂下眼瞼。

然後他說出一番我永遠不會忘記的話。

「米奇，我是個很壞的人。我這輩子做過的壞事，永遠不可能塗銷。十誡的每一誡我都犯了。」

別唬我。每一誡嗎？

「我年輕的時候，在某種意義上，是的，我每一誡都犯過。」

偷竊？做偽證？貪圖他人財物？

「有的。」

通姦。

「嗯——」

殺人？

「我沒有親手扣過扳機，但我牽涉夠深了。我本來可以在某一個人送命之前出面阻止，但我沒有做，所以我也算是共謀殺人。」

他把眼光移開。

「那是玩命的行業，黑吃黑，弱肉強食。我過的那種生活，很多人被殺，這種事天天發生。

「我痛恨從前的我。我為了我沒犯的罪坐牢，但我在外頭做的那些事足夠把我送回監獄。我懦弱，沒良心。今天的我可能已經改變了，但從前的我真的是那樣子。」

他嘆口氣：「那是從前的我。」

他下巴垂到胸口。我聽見他呼吸粗重，一吐一吸。

「我該下地獄。」他低聲說：「憑我做過的壞事，上帝應該讓我下地獄。不可戲侮上帝。種什麼因，結什麼果。

「所以我總告訴我的會眾，不要把我捧得高高在上。我在講道中談到，種了檸檬就別想收成櫻桃，但我這輩子種了多少棵檸檬啊……」

他雙眼淚光盈盈。

亨利承認，從前的他十誡無一不犯，而今的他一心只想行善彌補罪愆。

「……恐怕收也收不完囉。」

我不明白，我說，如果你認為自己會受懲罰——

「為什麼我還要服事上帝，是嗎？」他淡淡一笑：「我還能做什麼？這就像所有的人都轉身而去，耶穌問門徒：『你也要離開嗎？』彼得說：『我能去哪裡，主啊？』

「我知道他的意思。離開上帝，你能去哪

裡。他無所不在啊。」

但，亨利，你在這裡做了那麼多好事——

「不對。」他搖搖頭：「你不能靠努力就上天堂。只要你企圖用事功證明自己有資格，你就永遠喪失了資格。我下半輩子的每一天在這裡所做的事，都無非是在說：『主啊，不論我永遠注定面對何等悲慘的下場，讓我做一些補償。我知道這麼做不能抵銷罪愆。但讓我在離開塵世前，用我的生命做點什麼……』」

他長長吁出一聲疲憊的嘆息。

「『然後，主啊，我就任你處置了。』」

時間已晚，天寒地凍。房間籠罩在亨利的過往之中。沈默了幾分鐘，我站起身，拉上大衣的拉鍊。我祝他一切順利，便走回外面的雪地裡。

我自以為無所不知。我是個「有能力完成工作」的「聰明人」，隨著我爬得愈高，我就愈瞧不起那些看上去愚昧或者單純的事物，我對它們嗤之以鼻。就連宗教我也看不起。

但那天晚上開車返家途中，我領悟了一件事：我不比別人優秀或者聰明，我只不過比較幸運。我那麼自命不凡，真該為此感到慚愧，因為一個人即使對全世界都瞭若指掌，仍然會迷失其中。那麼多人，不論多麼聰明、多有成就，都在受苦，他們哭泣、渴望、受傷。但他們非但沒有看低任何東西，反而抬頭仰望。那也正是我該看的方向。因為，當全世界安靜下來，只聽得見自己的呼吸時，每個人想要的東西都一樣：安慰、愛與平靜的心。

或許他的前半生過得比大多數人都糟，或許他的後半生會比大多數人都好。那天晚上是我最後一次質疑亨利．柯文頓的昨日會不會使他的明天蒙上陰影。聖經上說：「不可論斷人。」只有上帝有權論斷人，為此亨利每天兢兢業業。這樣就夠了。

# 1月

## 天堂

一月來了，日曆也換了，二〇〇八年伊始。到這一年年尾，美國會選出一位新總統，會發生經濟大地震，信心指數會大幅降低，數千萬人會失業或失去住宅。暴風雨的烏雲正在集結。

這期間，大法師行動蹣跚，從一個房間踱到另一個房間，默默沈思。他經歷過經濟大蕭條與兩次世界大戰，已經不會再為頭條新聞大驚小怪。藉著把持住內心世界，他不讓外在世界構成威脅。他禱告。他找上帝聊天。他凝視窗外的雪。他也珍惜每天的簡單儀式：禱告、添加穀片的燕麥粥、孫兒孫女、由蒂拉陪同坐車外出、打電話給老教友。

一個星期天早晨，我再度到訪。我父母計畫晚一點趕過來，趁我飛回底特律之前，接我去共進午餐。

兩星期前的一個星期六晚上，猶太教會特地為大法師舉辦一場聚會，紀念他服務屆滿六十年，像一場慶功宴。

「我跟你說喔，」大法師邊說邊搖頭，一臉難以置信的表情：「好幾年沒見面的人都來了。我看見他們像斷絕音訊多年的老朋友一般又親吻又擁抱——我哭了。我**真的哭了**。看看我們合力創造的這一切。真是不可思議。」

不可思議嗎？他是說我的老教堂嗎？安息日早晨和各個怪節日使用的那棟小房子，孩子們跳下車，衝進去上宗教課的地方？他說它不可思議？這個字眼未免太崇高了一點。然而，大法師合攏雙掌，幾乎像在禱告一般低聲說：「米奇，你不懂嗎？我們創造了一個**社區**。」

我打量他衰老的臉孔與鬆垂的肩膀，六十年來，他孜孜不倦教學、聆聽人們傾訴心聲、努力把我們造就成更好的人，嗯，相對於目前世界的走向，也許「不可思議」確實是貼切的字眼。

「他們那樣彼此擁抱，」他又說，眼神望著遠方：「對我而言，那就是天堂的一角。」

大法師和我無可避免終於談到來世。不論你稱呼它什麼——樂園、解脫、英靈殿[22]、涅槃——幾乎每一種信仰都是以對於死後世界的解釋作為基礎。隨著他在人世的時間逐日減少，大法師也愈來愈想知道，所謂的Olam Habah（來世）究竟是怎麼回事。從他的聲調與姿態裡，我意識到他正在研究這件事，好比快要爬到山頂時，你會伸長脖子，希望能看到山那一頭的風景。

我聽說，大法師的墓地離他出生的地點很近，他母親和父親都葬在那兒。他的女兒麗娜也埋在那裡。時辰到的時候，祖孫三代至少在地下又可以團圓；而如果他的信仰所說的是真的，他們也會在別的地方重逢。

你想你會再見到麗娜嗎？我問。

「會的，我相信。」

但當年她只是個孩子。

「在上面，」他小聲說：「時間不重要。」

大法師有次講道時提到，有個人被帶去看天堂與地獄。在地獄裡，許多人圍著一桌盛宴而坐，桌上擺著山珍海味。但每個人的手臂都只能向前伸，無法彎曲，所以永遠吃不進口。

「真可怕。」這人說：「帶我去看天堂吧。」

他被帶到另一個房間。它看起來與前一個房間非常相像，也是一張宴會桌，有更多的美食佳餚。這兒的靈魂同樣只能把手臂往前伸。

差別在於，他們彼此餵食。

你覺得如何，我問大法師。天堂就像那樣？

「我怎麼知道？我相信一定有些什麼。這樣就夠了。」

他伸出一根手指劃過自己的下巴。「但我承認……我對死亡多少有點兒迫不及待，這樣我很快就會知道如何回答這個難纏的問題。」

別這麼說。

「說什麼？」

關於死亡。

「為什麼別說？你會難過？」

嗯，我的意思是，沒有人喜歡聽到那個字。

我說話像個小孩。

「聽著，米奇……」他壓低聲音。他雙手交叉，壓在毛衣上，毛衣裡還有一件與他的藍長褲完全不搭配的格子襯衫。「我知道我走了會讓某幾個人非常難過。我知道我的家人和我愛的人會想念我——我希望這些人裡面也包括你。」

我會的。我的想念會超過我能告訴他的程度。

「天上的父，求求你。」他向上仰望，唱歌似的說道：「我是個快樂的人。我在地上幫忙開發了很多東西。我甚至也對這兒這位米奇做了一點小開發……」

他用一根老邁而修長的手指指著我。

「但這個人，你瞧，他還在問問題。所以，主啊，求你賜給他很多很多年歲。這樣，等我跟他重逢的時候，就會有很多話可以談。」

他露出促狹的笑容。

「如何？」

謝謝你，我說。

「不客氣。」他道。

他在眼鏡後面眨眨眼。

你真的認為我們有一天會重逢嗎？

「你不認為嗎？」

唉，別開玩笑，我故做靦腆狀，我不認為我到得了你那麼高的層次。

「米奇，你為什麼這麼說？」

因為你是為上帝工作的人。

他看著我，如釋重負。

「你也是為上帝工作的人。」他低聲說：「每一個人都是。」

門鈴響了，打破了當下的氣氛。我聽見我父母在另一個房間裡與莎拉交談。我把我的東西收拾妥當。我告訴大法師，超級盃再過幾個星期就要開打。「啊，超級盃。」他頗興奮地低語，這很奇怪，因為我不認為他看過任何一場比賽。沒多久，我母親和父親就走進來，向大法師說哈囉。我拉上我提袋的拉鍊。大法師不方便從椅子上起來，所以他保持坐姿。

多麼奇怪啊，人生的重複。眼前景象可能發生在四十年前，某個星期天上午，我父母到宗教課接我下課，我父親開車，我們準備出去用餐。唯一的差別在於，如今我非但沒有見了大法師就逃，反而不願意離開。

「要去吃午餐？」他問。

是的，我說。

「很好。家人嘛，就應該這樣。」

我擁抱了他。他的手臂緊緊鉤住我後頸，比我記憶中過去的擁抱都更緊。

他找到一首歌。

「盡情玩吧……時間不多啦……」

我完全沒想到，他說得多麼正確。

# 教堂

「你一定要來一趟，有東西給你看。」

電話中傳來亨利興奮的聲音。我下了車，注意到街上停的車比往常多，還有好幾個人從側門走進走出，都是生面孔。有人穿黑衣，有人穿白衣。衣著都比一般來這兒的人體面。

我走上木板步道，亨利看見我，露出好大一個微笑，雙臂大張彷彿要飛起來。

「我一定要對你表示一點愛。」他道。

我覺得他粗壯而光溜溜的手臂夾緊我。然後我突然想到。他只穿了一件T恤。暖氣恢復了。

「這兒就像邁阿密海灘！」他喊道。

顯然是因為受到報紙專欄的關注，瓦斯公司覺得不好意思，恢復了供氣，而且談成了一項協議，准許教堂以更漸進的方式償還債務。進進出出的新面孔，都是被亨利這所教堂的故事打動，前來幫忙做三餐和分配食物的人。我注意到飯桌周圍坐了一大群遊民，男女都有，很多人都脫掉了外套。少了暖風扇的噪音，可以聽見愉快的交談聲。

「很棒，是不是？」亨利道：「上帝是至善的。」

我走下樓到健身房去。我看到我報導過的那個少了腳趾頭的人。報導中，我提到他的妻子和女兒八年前離他而去，造成他一蹶不振。顯然有人看到他的照片，代為聯繫。

「我馬上就要見到她們了。」他說。

誰？你的妻子？

「還有我的小女兒。」

馬上？

「是啊。已經八年了，老哥。」

他吸吸鼻子。我看得出他有話要說。

「謝謝你。」他終於低聲道。

然後他就走了。

我不記得曾經聽誰說謝謝你能像這次這樣讓我感動。

我正要離開時，看見扶著枴杖的卡斯。

「米奇先生。」他唱歌似的打招呼。

現在溫暖一點了哦？我說。

「是。」他道：「樓下的人也都很高興。」

我再張望一眼，看見一群男女在排隊。起先我以為他們在領食物，也許是第二份；但接著我看見一張桌子，幾名志工在分發衣服。

一個大塊頭男人套上一件冬季夾克，然後對亨利喊道：「喂，牧師，你們沒有三個XL的超級特大號嗎？」

亨利笑了起來。

這是怎麼回事？我問。

「衣服。」亨利道：「人家捐的。」

我數一數，有七大堆衣服。

東西可真不少，我說。

亨利看一眼卡斯。「他還沒看到嗎？」

由於報紙的報導，引來許多善心人士出錢出力。手足守護會的冬天熬過去了。

接下來，我只知道我跟在壯碩的牧師和獨腿的長老後面，不明白自己為何總是被虔誠的教徒帶著走。

卡斯找出一把鑰匙。亨利把門拉開。

「看一眼。」他說。

那裡面，教堂裡面，堆了一袋一袋又一袋的東西——衣服、外套、鞋子、大衣、玩具，從第一排堆到最後一排，每一條長椅上都堆滿了。

我嚥了嚥口水。亨利說得對。那一刻，你用什麼名稱稱呼他都不重要。神是至善的。

# 大法師二〇〇〇年的一段講道

親愛的朋友們。我快要死了。

不要難過，我從一九一七年七月六日開始就步向死亡。我在那一天出生，正如我們的《詩篇》作者說的：「人生在世，有生即有死。」

接下來，我要講一個與這件事有關的笑話。有位牧師拜訪一座鄉下教堂，他開始講道時，提出一個令人害怕的警告：

「本教區的每一個人都會死！」

牧師掃視全場。他看到一個坐前排的男人，興高采烈咧開大嘴。

「你爲什麼這麼高興？」他問。

「我不是本教區的人。」那人道：「我只是趁週末來拜訪我妹妹。」

# 2月

## 再見

車開到夏普萊超市。這是二月的第一個星期，地上有積雪，大法師望著窗外。蒂拉把車停妥，關掉引擎，問他要不要進去。

「我有點累。」他說：「我在這裡等就好。」

回想起來，跡象已很明顯。大法師最喜歡逛超市——他會放過這種機會，一定有問題。

「讓音樂繼續播放，好嗎？」他要求蒂拉。

「當然好。」她說。在蒂拉採購牛奶、麵包、黑莓汁的時候，大法師一個人坐在積雪的停車場裡，聽著印度聖歌。這是他最後一次在室外獨處。

他們回到家，他顯得委靡，而且覺得渾身疼痛。電話打了。他被送到醫院。護士問了他幾個簡單的問題——姓名、住址——他都回答了。他不記得當天的確切日期，但他知道要舉行總統初選，他還開玩笑說，如果他支持的候選人僅以一票之差落選，「我會宰了我自己。」

他住院接受檢查。他的家人來探望。第二天晚上，他的小女兒季拉在病房裡陪他。她已買好飛以色列的機票，但她不忍心離開。

「我覺得我不該走。」她說。

「走吧。」他說：「妳不在，我不會怎麼樣的。」

他眼睛快閉上了。季拉喊了護士來，問能否讓她父親提早服藥，讓他入睡。

「季……」大法師喃喃道。

她握住他的手。

「要記得回憶。」

「好。」季拉哭著說：「現在這樣，我真的不走了。」

「妳走吧。」他說：「妳在那邊也可以回憶。」

他們對坐了一會兒，父親與女兒。最後，季拉站起身，依依不捨吻了父親，道了晚安。

護士拿藥給他。護士往外走時，他在她背後小聲說：

「拜託……如果妳把燈關掉，能不能每隔一段時間過來一下，記得我在這兒？」

護士微笑。

「當然，我們不可能忘記唱歌的拉比。」

隔天早晨，日出後，大法師被喚醒來做擦澡。時間很早，很安靜。護士溫柔地為他擦洗身體，他對她唱歌哼曲，與這一天一起活了過來。

然後他頭一歪，歌聲就此停止，永遠聽不到了。

那是夏天，我們坐在他的辦公室裡。我問他，他認爲他爲什麼會成爲拉比。

他彎著手指頭點數。

「第一點，我一向喜歡跟人接觸。

「第二點，我喜歡溫和處事。

「第三點，我很有耐心。

「第四點，我愛教學。

「第五點，我的信仰很堅定。

「第六點，這讓我跟我的過去產生聯繫。

「第七點，也是最後一點，成爲拉比讓我可以實踐傳統的教誨：過善良的生活，行善，受到祝福。」

我沒聽你提到上帝。

他微笑起來。

「上帝存在於第一點之前。」

# 祭文

每個座位上都坐了人。教堂裡滿滿是人。有人喃喃打招呼，含著眼淚擁抱，但所有的人都把眼睛避開不看講壇。一般的追思儀式中，你面朝前方坐，卻不大可能因此正對著亡者留下的那片空虛。**從前他都坐那個位子……他都站在那個講台旁邊……**

大中風發作後，大法師在平靜的昏迷狀態中又活了幾天，足夠他的妻子兒女孫兒女趕到，向他低聲告別。我也去了。我摸摸他濃密的白髮，把我的臉貼在他臉旁，承諾絕不讓他第二度死亡，而只要我還有一口氣在，他就不會被遺忘。過去八年來，我從沒有在大法師面前哭泣過。

我終於流淚的時候，他看不見。

我回家，等電話。我沒有馬上就動手寫他的祭文。他還在世時若我就寫了，這樣感覺不對勁。我有錄音帶、筆記、照片、便條；我有教科書、講道稿、剪報；我還有一本夾著一家人照片的阿拉伯文小學課本。

電話終於打來的時候，我才動筆。我看也沒看一眼那堆資料。

現在，我摸到外套裡那幾張打好字的紙，那是他對我做的最後一項要求。那幾張紙，摺好了放在口袋裡。原本我以為充其量兩、三個星期就能解決的行程，卻走了八年，經歷了我四十到五十歲這十年間大部分的光陰。鏡中的我，看起來老了不少。我回想讓這一切開始的那個晚上。

**幫我寫祭文好嗎？**

感覺像上輩子的事。

低聲禱告後，他的追思儀式開始，這是這個教會六十年來第一場不是由奧勃特．路易斯主持而他也不在場的儀式。經過幾分鐘，幾番禱告，現任拉比史蒂芬．林德曼——他是大法師生前殷勤歡迎前來接替的人選——以充滿愛和優美的詞藻稱讚他的前輩。他用了一個令人低迴不已的句子：「啊，逝者如斯。」

教堂裡安靜下來。輪到我了。

我踏上鋪著地毯的階梯，走過那個靈柩，裡面是那位用他的祈禱之屋與信仰——美麗的信仰——教誨我的人。一陣哽咽湧上來，我必須停下腳步才能調勻呼吸。

我站在他從前習慣站立的地方。

我微微俯身向前。

我這麼說了——

親愛的拉比——

可以說，你成功了。你終於讓我們大家在大節期以外的日子全員集合，來到這裡。

我想，在內心深處，我知道終究會有這麼一天。但如今站在這裡，仍然覺得情況顛倒了。我應該在台下，你應該在台上。台上是你的地盤。我們總是往這兒來找你，由你帶領我們、啓發我們、唱歌給我們聽、出題目考我們、告訴我們從猶太律法乃至我們的名字位於哪一頁的每一件事的解答。

宇宙的結構本來就是我們在下，上帝在上，你在中間。如果上帝太令人畏懼，我們不敢面對他，就先來找你。就像是和坐在老闆辦公室門口的秘書交朋友。

可是，現在我們去哪兒找你呢？

八年前，你在我一次演講結束後來找我，你說要我幫你一個忙。你問：我可以在你的喪禮上演講嗎？我當下愣住了。直到今天，我還是不知道你爲什麼挑中我。

但你一提出要求，我就知道兩件事：我永遠不可能說不。那是其一。此外，我需要對你有更多的了解，不僅要認識身爲神職人員的你，也要認識作爲一個普通人的你。所以我們開始見面聊天，在你的辦公室、在你家中，這兒一小時、那兒兩小時。

一星期延長爲一個月。一個月延長爲一年。八年過去了，我有時會想，這整件事會不會是拉比爲了引誘我來上成人教育課程所施的妙計。我們見面時，你會哭會笑；我們辯論大大小小的觀念，提出各種假設。我發現你除了穿法袍，也會穿涼鞋配黑襪子——不是多麼好看的搭配——外加百慕達短褲。你還會用格子襯衫配羽絨背心。我發現你酷愛收藏信件、文章、蠟筆畫和過期的通訊《聖堂閒話》（*Temple Talk*）。有人收集汽車或服飾，而你從來沒遇到不能歸檔的好點子。

有次我對你說，我跟你不一樣，我不是爲上帝工作的人。你打斷我說：「你是個爲上帝工作的人。」你告訴我，這一天來臨的時候，我一定找得到話說。

這一天眞的來到，而你已遠去。

這片講壇像沙漠一般空虛。

不過沒關係，先介紹你的基本資料。凡是寫得好的祭文都要介紹基本資料。你在一次世界大戰期間出生於紐約，家境非常貧窮，你父親一度搭上火車想去阿拉斯加找出路——而他自始至終沒有違反過猶太飲食的戒律。你的祖父和岳父都擔任拉比，你的族譜中有好多位拉比，但是你想做歷史老師。你熱愛教書。後來你嘗試通過拉比的考驗，失敗了。可是，一位偉大的猶太學者說了一句話，這句話你日後引用了不知多少次，鼓勵了我們之中很多人：「再試一次。」

你果眞再度嘗試。感謝上帝你再試了一次。

你受任神職那年頭，流行的是去美西、去加州發展。那兒有很多富裕而正在擴張的猶太教會。你卻沿著紐澤西州收費高速公路坐了兩小時車，來到一個搖搖欲墜的教區，只有一棟住宅權充聚會所。你來這裡，因爲你就像電影《風雲人物》（*It's a Wonderful Life*）裡的詹姆士．史都華一樣，覺得有義務跟家人住得近。你也像片中史都華扮演的角色，再也沒有離開過這個地方；你不僅沒有離開，還建造了這座聖堂。有人會說，你義不容辭扛起這份責任。

在你充滿愛心的照顧之下，這座教堂從一個權宜的聚會場地發展成一座蓬勃興盛的猶太會堂；它位處兩座基督教教堂之間，不算最有利的地理位置，卻站穩腳步。你總能用最好的方式和平共存。當對街的天主教神父侮辱了我們一位教友，你要求他道歉；神父致歉之後，你同意他以一種表態來贖罪。你們等天主教小學的學生下課在校園裡嬉戲時，你與神父挽著手到校園裡散步，說明了不同信仰也可以和諧相處，比肩同行。

你用這種方式為我們出頭。你使我們有自信，使我們的會員人數激增。你為我們創辦學校，你建立了一個神聖的社區，你這些作為使得我們人多到擠不下了。你帶領遊行與遠足。你挨家挨户登門拜訪，無數次的登門拜訪。

你是一位為人服務的教士，從不表現得高高在上。大家爭著聽你說話，怎麼樣也要擠進來聽你講道，彷彿錯過你講道就是一種罪。我知道你最討厭聽眾在講道結束後搶著往門外跑。但大法師啊，想想在多少家猶太會堂，講道還沒開始，聽眾就爭相離開了！

做了整整六十年拉比，你終於離開講壇，但你沒有像很多退休的人那樣搬去佛羅里達，你只是坐到這座教堂的後排去。這是個謙卑的姿勢，但你無論如何也不可能眞正搬到後排的，就如同靈魂不可能在肉體裡退居偏僻的角落。

這兒是你的房子，大法師。你在屋椽裡，在地板裡，在牆壁裡，在燈光裡。你在每條走廊的每一聲回音裡。我們現在就聽見你。我仍然聽見你。

我——我們每個人——怎麼能讓你走？你交織在我們的生命裡，從出生到死亡。你教育我們，為我們證婚，給我們安慰。我們的每一個人生里程碑，我們的婚禮與喪禮，都有你在場。悲劇來襲時，你給我們勇氣；我們對上帝咆哮時，你撥動我們信仰的餘燼，並提醒我們：有位廣受尊敬的哲人說過，唯一完整的心是碎過的心。

看看今天在場每一顆破碎的心。看看這座教堂裡每一張臉。我一生中只有一位拉比。你一生中只有一批會眾。我們向你告別，就等於對自己的一部分說再見。

可是，現在我們去哪兒找你呢？

記得嗎，大法師，有次你告訴我，你童年住在紐約的布朗士區，住在那兒的人們擁擠而親密。有次你推撞一輛貨車，指望車上掉一顆蘋果下來，五樓的鄰居從窗户裡往外喊：「奧勃特，不可以。」你的生活中，每層樓的消防逃生門口都豎著一根上帝的手指對著你搖動。

這麼說吧，你就是我們的那根手指頭，從窗口伸出來對著我們搖動說不可以。光說我們沒做的壞事有多少，你就行了多少善。這兒在座的很多人都搬過家，換了新地址、新工作、新氣候，但是我們心裡始終只有同樣一位老拉比。我們往窗外看去，還會看見你的臉，聽到風中傳來你的聲音。

可是，現在我們去哪兒找你呢？

我們最後幾次聊天的時候，你經常談到死亡與死後的世界。你歪著頭唱：「別啊，天上的主，你帶我走的時候，可別讓我受太多苦。」

順帶提一句，大法師，關於唱歌。到底怎麼回事？詩人惠特曼歌詠人際接觸的電流，歌手比莉．哈麗黛唱的是藍調，你……你什麼都唱。你連電話簿都可以唱。我打電話問候你，你唱著回答：「白髮蒼蒼的老拉比，已經比不得過去……」

關於唱歌，我開過你玩笑，但我其實很喜歡你這樣，我想我們每個人都喜歡。所以我們一點都不意外，上個星期病魔的最後一擊把你從我們身邊奪走之前，護士準備幫你擦澡時，你還對著她唱歌。我喜歡想像，主因爲太喜歡聽他這個孩子發出快樂的聲音——他快樂到在醫院裡也唱歌——所以主選擇在那一刻，在你哼歌的當兒，把你帶到他身邊。

你現在與上帝在一起了。我相信是如此。你告訴過我，你死後最大的願望是可以對我們這群人說話，告訴我們你抵達了目的地，平安健康。即使死後，你也還想再講一場道。

但是你知道嗎，有個令人生氣卻非常冠冕堂皇的理由，使得你今天不能對我們講話，因爲如果你今天能來講道，我們可能就不需要信仰了。而信仰是你的全部。你就像你常引用的那個猶太故事裡的推銷員，每天都來敲門，面帶微笑推薦你的商品，直到有一天，客戶受夠了你的不屈不撓，吐口水在你臉上。你拿出一條手帕，擦掉口水，再次微笑道：「一定是下雨了。」

今天這兒有很多條手帕，大法師，卻不是因爲下雨了。那是因爲，我們之中有些人不忍心讓你走。我們之中有些人也好想道歉，爲了自己那麼多次用行動說「走開」，那麼多次吐口水在我們信仰的臉上。

我不想用祭文讚美你。我會害怕。我覺得會眾不應該讚美他們的領袖。但現在我知道，今天會有數千名會眾讚美你，在開車回家的途中，在晚餐桌上。祭文不過就是回憶的總結，而我們永遠不會忘記你，因爲我們忘不了你，因爲我們每天都會想念你。這世界沒有了你，等於是世界上減少了一點上帝，但由於上帝不是一種分量會增減的資源，所以我無法相信有這種事。

但我必須相信，你已經回歸上帝，融入他的榮耀之中。你的靈魂像是歸還給上帝的一份饋贈，你是上帝天空裡的一顆明星、我們心中的一絲溫馨。我們相信你現在已與你的祖先同在，與你的女兒同在，與你的過去同在，復歸於平靜。

願上帝照顧你；願他唱歌給你聽，你也唱給他聽。

現在我們去哪兒找你呢，大法師？

我們會朝著你——你這善良又可愛的爲上帝工作的人啊——一直努力要我們看的方向去找尋。

我們會往上看。

即使到了生命的盡頭仍不忘唱歌的拉比——奧勃特·路易斯。

## ……我們留下的

空虛是沒有實體的。但大法師走後，我發誓我摸得到空虛，尤其在星期天。從前我習慣在星期天從紐約搭火車去看他。漸漸的，我用自家附近的活動來填滿那塊空洞，我去探望亨利牧師和聽伯爾大道上的教堂。我與亨利教區的成員也逐漸混熟了。我喜歡聽他講道。雖然我對自己的信仰愈來愈自在，亨利卻笑著封我為「本教區第一個正式猶太教成員」。我參加遊民的晚間聚會，寫了更多關於他們的報導。很多人受感動。有人寄錢來——五美元、十美元。有個人沿密西根公路開了一小時車，走進教堂來，四處看看，好像激動得無法言語，他遞出一張一千美元的支票，就離開了。

亨利在銀行開了個修繕專戶。義工來幫忙分配食物。有個星期天，一座大型的郊區教堂，北村基督教大會（Northville Christian Assembly）邀請亨利去演講。我隨同旁觀。他穿一件黑色長袍，佩戴上無線麥克風。他讀經的時候，所選的文段出現在兩塊龐大的電視螢幕上。燈光十分完美，天花板牢固而乾燥，音響效果達到演奏會的水準——舞台上甚至擺了一

儘管天氣很冷，鋪在教堂屋頂的藍色防水布上堆著積雪，但是等到天氣回暖，我們就會把那個洞補好。

架巨大的平台式鋼琴，聽眾幾乎全是中產階級的白人。但亨利不愧是亨利，沒多久，他就四處走動，慫恿聽眾用他們的才華賺取利息，因為耶穌曾經借助一則寓言鼓勵大家這麼做。他說，不要害怕前來底特律市他的教會，在那兒施展他們的才華。「如果你們在找尋上帝用生命創造的奇蹟，」他說：「你們眼前就有一個。」

他講完以後，所有人都站起來鼓掌。亨利後退一步，謙卑地低下頭。

我想起他在市中心那座年久失修的教堂。我領悟到，在某種意義上，每個人的屋頂都有破洞，眼淚從那兒掉下來，壞事像狂風一樣從那兒灌進來。我們覺得脆

卡斯（左）和他可愛的女兒「奇蹟」（中）都是手足守護會的一員。

弱；我們擔心下次不知會有多大的暴風雨來襲。

但那天看到亨利的表現，看他接受那麼多張新面孔對他喝采，我相信，就如同大法師有一次告訴我的，藉著一點小信仰，問題可以改善，情況會真的改變，因為在那一刻，你不可能相信別的事。

所以，儘管我寫著這篇文字時，天氣很冷，鋪在教堂屋頂的藍色防水布上堆著積雪，但是等天氣回暖——天氣總會回暖的——我們就會補好那個洞。總有那麼一天，我這樣告訴亨利。我們會修補那個洞。我們會搖晃慷慨的樹，搖下大筆基金，更換那片屋頂。我們做得到，因為這件事有必要做。我們做得到，因為這是應該做的事。

而且我們一定要做到，因為會眾當中有個早產的小女孩，生下來時體重只有幾磅，醫生說她不一定能活下去，但她的父母不斷禱告，而她撐了過來。現在她是個精力旺盛的小肉球，笑起來的模樣可以把餅乾從餅乾罐裡誘拐出來。她幾乎每天晚上都待在教堂。她在遊民的桌位之間蹦蹦跳跳，讓大家揉她腦袋逗她玩兒。她沒有很多玩具，也沒有安排密集的課後活動，但她絕對擁有一個社區、一個充滿愛的安居之處——以及一個家。

她的父親是個名叫卡斯的獨腿人，她母親曾經染上毒癮，名叫瑪琳。他們的婚禮在「手足守護會」教堂舉行；主婚人是亨利．柯文頓牧師。

婚禮一年後，他們的寶貝小女兒來到世上。如今她到處跑，好像到了上帝的私人遊樂場。

她的名字取得好，叫做「奇蹟」（Miracle）。

人類的心靈真讓人嘆為觀止。

我先前常想，大法師為什麼找我寫祭文。我懷疑，他為我著想的成分遠超過為他自己。結果，幾分鐘後他就打敗我了。

唱詩班的領唱者即將做最後的禱告了。這時，大法師的外孫隆恩把一卷錄音帶插進講壇上的錄音機。一度經常回響著奧勃特．路易斯睿智話語的擴音設備，再度傳出他的聲音。

「親愛的朋友們，這是你們從前的拉比在說話……」

他錄了一段話，在他死後播放。這事兒他只告訴蒂拉，他的購物伙伴和居家照護員。由蒂拉把錄音帶交給他的家人。錄音內容很簡短，大法師在錄音裡回答了人們在他的宗教生涯中最常對他提出的兩個問題。

第一個問題是他是否相信上帝。他說他相信的。

另一個問題是究竟有沒有來生。關於這一點，他說：「我的答案仍然是肯定的，死後的世界確實存在。但是，朋友們，很抱歉。雖然現在我知道了，我卻沒辦法告訴你們。」

教堂裡所有人哄堂大笑。

我沒有忘記那個標示著「上帝」的檔案。幾個月後，我一個人回去拿它。我把它從架上取下來。把檔案拿在手中時，我真的在發抖。八年來，我一直看見它的標籤上寫著「上帝」，這麼一段時間之後，你不禁想像它會噴出什麼神聖的氣團。

我張望一下無人的辦公室。我的胃在作痛。我但願大法師此刻跟我在一起。我把檔案翻開。

他確實在場。

檔案裡面有幾百篇文章、剪報和講道的筆記，都與上帝有關。上面畫著箭頭記號，還有大法師手寫的問題和註記。我終於明白，我跟大法師和亨利共處，目的就在此：不是為了下結論，而是來不斷研究與學習，走一趟追求信仰的旅程。你不能把上帝裝進一個盒子。但是你可以收集故事、傳說、智慧，等你的火候夠了，你就不需要把檔案夾搬到書架低層方便你拿取，因為這時上帝已經靠你很近。

你是否認識某位宗教工作者？你是否一見到他就想逃？如果是這樣，不要再逃了。不妨陪他坐一分鐘，喝一杯冰水，吃一盤點心，你很可能會發現一些美麗的事物值得學習。這些事物不會咬你，不會使你變軟弱，卻只會證明我們每一個人心中都有一株神聖的小火苗，說不定有一天，那點星星之火可以拯救全世界。

回頭再說教堂，大法師在錄音留言的最後說：「請大家彼此相愛，經常交談，不要讓小事破壞了友誼……」

然後他唱起一首簡單的希伯來歌，翻譯出來是：

「再會朋友，再會朋友，

再會，再會，

我們會再見面，我們會再見面，再會。」

會眾加入他一起唱。這是最後一次與他合唱。

你可以說，這是他生涯中最嘹亮的禱告。

但我早就知道，他在結尾一定會安排一首歌。

# 尾聲

最後一段回憶。

這是大法師去世前不久的事。

他正談著天堂，忽然間，不知什麼緣故，我冒出一個想法。

如果你只能與上帝相處五分鐘，會怎樣？

「五分鐘？」他問。

五分鐘，我說。上帝很忙碌的。你分到這一片天堂，與上帝獨處五分鐘，然後，噗一聲，你就要往下走，隨便你接下來要去哪一站。

「五分鐘怎麼樣？」他頗感興趣。

在那五分鐘裡，你可以問上帝任何你想問的問題。

「哦，懂了。」

他往椅背上一靠，好像要徵詢周圍的空氣有什麼建議。

「首先我會說：『幫我一個忙，天堂裡的上帝啊，麻煩你，我的家人若是需要幫助，請指點他們人世的路，給他們一點引導。』」

很好，一分鐘過去。

「接下來三分鐘，我會說：『主啊，把剩下的時間分給那些正在受苦，需要你的愛與忠告的人。』」

你願意放棄三分鐘？

「給真正需要的人，是的。」

很好，我說。那麼你還有一分鐘。

「好極了。最後這一分鐘，我會說：『聽我說，主啊，我在地上做了多少多少的好事。我努力追隨你的教誨，並傳授給別人。我愛我的家人。我是社區的一員。而且我認為，我待人相當好。』

「『所以，天上的父，因為這一切，我會得到什麼樣的報酬？』」

你認為上帝會怎麼說？

他微笑。

「他會說：『報酬？什麼報酬？那都是你的**本分**！』」

我哈哈大笑，他也拍著大腿哈哈笑，滿屋子都是我們的笑聲。在那一刻，我們可以置身任何地方，以任何身分處於任何文化、任何宗教裡——一個老師和一個學生探討生命是怎麼回事，並且對於所發掘出來的結果雀躍不已。

最初，有一個問題。最後，問題有了答案。上帝唱歌，我們跟著哼，旋律變化多樣，但這全部就是一首歌——同一首美妙的人類之歌。

我愛上了希望。

年幼的我見了大法師就想逃，而今卻不願意離開。

# 後記：兩年後

燦爛的冬陽照耀大地，紐約市到處充滿過節氣氛。亨利和我走到洛克斐勒中心附近，四十九街和五十街之間那棵大耶誕樹就在不遠處。他要去看那個有名的溜冰場。

他道：「我一直聽說，卻沒看過。」

這是星期一的早晨。亨利和我剛剛第一次一起上完一個電視節目，談這本書出版後發生的種種小奇蹟。主持人對亨利的態度非常熱烈，為他的迷途知返、勇於改過連聲喝采，甚至還在錄影結束後擁抱他。我從來沒見他這麼自豪過。

我們各自把手插在口袋裡，並肩而行，滿懷稱心如意過完一天後那種靜謐滿足的感覺。亨利穿一件皮外套，戴一頂黑色皮帽，笑得像個第一次進城來玩的大孩子。這可能有點奇怪，因為他老家就在紐約市。但從小開始，亨利幾乎沒來過曼哈頓，更別說逛這兒比較奢華的地區了。我們找到溜冰場，扶著欄杆向下眺望。下面，白色橢圓形的冰場上，一個穿緊身衣的小女孩優雅地繞著圈，還有幾對年紀較大的雙人組牽著手溜。

亨利說：「我們來拍照。」

我們站在一起，他碩大的身體緊靠著我。拍了一張照。亨利很快樂。他望著自己出生的城市裡連綿不斷的高樓。瞇眼抬頭看著早晨的太陽，輕聲說：「哇！」

這是我記憶中他做的最後一件事。

開始寫這本書的時候，我就知道書裡會有一篇祭文。但我作夢也沒有想到，完成這本書需要兩篇祭文。

重讀這些文字的時候，我正坐在底特律亨利的教堂大堂裡。這兒很安靜。一月中旬。距紐約那個快樂的早晨才一個月。外面雪堆得很高，但室內很溫暖，我直覺地抬頭看一眼屋頂上本來有個洞的地方──「本來有」因為現在已經沒有了。

事情是這樣的：很多人讀到這故事。他們讀到大法師、亨利、卡斯、會眾、睡在地板上的遊民。不久就有很多封信寄來。起先只有幾封，但逐漸信件愈來愈多。亨利常要我看成堆的信，都堆在他的辦公桌上，他總是開心又難以置信地搖著頭。這些信來自我們的城市和其他城市，我們的州和其他各州，後來甚至來自其他國家。每封信的內容都不一樣，但在某種意義上，它們講的都是同一件事：「我擁有的或許不多，但我願意跟你們分享。請收下這筆錢，把你們的屋頂修好。」

漸漸的，完成這件工作的錢湊夠了。二〇〇九年十二月，某個星期一早晨，一輛卡車停在教堂旁邊，車上滿載瓦片。亨利、卡斯、教會長老和大多數會眾，都列隊站在人行道上。一箱箱瓦片從車上卸下——配合響亮的靈歌腔「阿門」一聲——瓦片經由這條人鍊，一手傳一手，送上樓梯，送到等待的工人手中。

十天後，屋頂煥然如新，洞補好了，雨、雪、寒風被驅逐到外面它們本來該在的地方。慶功當天可說是這座教堂有史以來最快樂的日子，出席禮拜儀式的人包括底特律市長大衛·賓恩和知名女歌星安妮塔·貝克。

那天亨利刻意穿一件短袖上衣，強調得來不易的新溫暖，他講道時又哭又唱。禮拜結束時，我爬上梯子去，把貼在原來那個洞位置上的一塊塑膠皮撕掉。補洞的灰泥裡嵌了一大塊功德牌，所有捐款使修理工程得以成功的人，無分遠近，名字都刻在上面。

因為任何人在教堂裡抬頭仰望，都期待會看到某種發人深省的東西，不是嗎？還有什麼比來自世界各地的人——分別隸屬不同信仰、種族、國籍——齊心協力，幫忙彌補一個洞，更發人深省的事呢？

「天啊。」那天亨利說。

是啊，我答道。

感覺像是我們的下半輩子就從那天開始。

我想，在某種意義上，確實是如此。問題是你永遠不知道自己的下半輩子有多長。

接下來十二個月內，亨利有個機會跟大法師的家人見面，包括他的妻子、孩子和孫兒女。大法師的女兒季拉也是一位老師，她跟亨利經常通信，她班上的孩子寫給亨利的信，讓他開心到言語無法形容。

數以百計的新志工從郊區趕來，為遊民烹調與分配食物。手足守護會成為一個希望與志願服務的綠洲。

亨利把握住他新得來的名聲，好像他一輩子都在等待這一刻——不是為了表揚他自己，而是分享觀念，鼓吹供給飢餓的人食物、供給遊民棲身之所、聯合不同教會通力合作。他滿腦子都是計畫。我每次見到他，他都有各種會議行程，又有一個團體要來供應晚餐，又有一位新的牧師或拉比（沒錯，拉比）要來拜訪，做意見交流。雖然以他的體型，旅行很辛苦，但亨利仍然跟我跑了幾趟加州，訪問那些慷慨捐款做各種修理的教堂，包括聖荷西的信心大教堂教會（Cathedral of Faith Church）以及芳塔納的生命之水社區（The Water of Life Community Church）教會，亨利在芳塔納遠眺聖加百列山脈，目中含淚，輕搖著頭。

「怎麼了？」我問他。

「我沒看過真正的山。」他道。

那一年，他看到了好多從來沒看過的東西。他看到社區領袖徵求他的建議。他遇到菲爾．麥格勞[23]和湯尼．班奈特[24]等南轅北轍的人。但他仍然住那間擁擠的小房子，守著那座貧窮而嫌大的教堂和傳教工作——比從前更堅決，矢志召喚社會大眾，關懷他周遭的人所處的困境。

他教我用鋼琴彈一首歌，他寫的歌，有時我們一起表演，我彈琴，亨利唱歌。那是一首動聽而富有感染力的歌，叫做〈你的兄弟怎麼了？〉

那個人怎麼了，他坐下來想

生活為什麼對他撒謊？

想到自己的累

他低下頭流淚

難道我們要假裝，他的問題不存在？

他伸出手求助——難道我們要叫他走開？

你的兄弟怎麼了？他正在哭泣

你的兄弟怎麼了？死亡步步進逼

你的兄弟怎麼了？

亨利唱這首歌時非常激動，汗水從頭上滴下來，他高亢、乞求的聲音聽起來充滿悲哀，要求一個答案。他為此生遇見的每一個煩惱的靈魂唱這首歌。他為自己唱。

你的兄弟怎麼了？

然後亨利就死了。

提起這件事，我還是每次都忍不住停下來，吞一口口水。紐約那個陽光普照的冬日，我們一起搭車赴機場，車上他說，這趟旅行非常愉快，真希望能多留一天。

有何不可?我說。

「真的?」他道。

他改了航班。旅館也訂好了。亨利和我在汽車招呼站相擁而別，一個大大的熊抱，我的頭嵌在他肩膀上。

「我們星期四晚上再聚聚。」他說。

好啊，我說。

「我要跟你談談基督教和猶太教。**我有些想法**。」

好啊，我點點頭，心中暗笑。他總是那麼說。我有些想法。

然後他說：「那就再見囉。」

我們揮揮手，車就把他載走了。

我飛回底特律，亨利那天晚上跟布魯克林的親戚和老朋友見面。我聽說那次訪問很愉快，想必也是光榮的一刻，曾經在那些街道上卑微不堪的亨利，如今當上一個前程遠大的牧師。正如同他最小的女兒在他葬禮上說的：「我父親離開紐約時是個惡棍；再回去時卻變成一個超級英雄。」

但即使超級英雄也會死。凌晨的某個時刻，獨自在旅館房間裡，那具龐大的身軀躺平下來，說：「夠了。」亨利，柯文頓，五十三歲，心臟病突發死亡。電話沒有人接，有人敲他的房門，但沒有回應，急救人員破門而入。

為時已晚。

在他誕生的城市裡，亨利回到最後的家。

因此，這個故事當中，我第二度站在一群會眾面前，嘗試跟一個傳教士、一個我欽佩的人訣別。教堂裡擠滿了人，亨利若能看見連樓上高層座位的人都必須騰挪轉身，擠出空間給更多人，一定會引以為榮。

這跟大法師的葬禮不一樣，事情發生得太快、太突兀，產生一種麻痺的效果，就像頭上挨了一擊。悲傷令你頭昏。你眨眼。你吞嚥口水。我在含糊眩暈中把話說完，盡可能不讓自己泣不成聲。

親愛的亨利：

這不是祭文。這是一封寫給朋友的信，在他的葬禮上公開朗讀。原諒我的軟弱，但我還沒有準備好把你的生命當作過去式。在我心目中，你現在仍然活著。

話說回來，你這輩子生活的方式，就是一直在用「過去」跟「現在」做對照，不是嗎？

「過去」的亨利認識監獄醜陋的牢牆。

「現在」的亨利認識教堂歡迎的大門。

「過去」的亨利開車上街就爲了要惹事生非。

「現在」的亨利在引擎蓋上堆滿食物上街。

「過去」的亨利看到我這樣的人，可能會說：「敵人」。

「現在」的亨利看到我這樣的人，敞開手臂說：「朋友。」

有次我問你，爲什麼替你的教會選擇「手足守護會」這個名字，我們聊到該隱與亞伯的故事[25]你要我回去查聖經。我注意到那段話有點特別。該隱謀害弟弟後，上帝向他查問他弟弟的下落。該隱的答覆已成爲名言：「我豈是守護我兄弟的嗎？」但在這之前，該隱給的第一個答案是：「我不知道。」

我不知道我的手足在哪裡。

你本來也可以那麼說的，亨利。你的處境改善後，你本來也可以像我們大多數人一樣，對冷酷的城市街道上的饑饉與絕望視若無睹。你本來也可以說：「我不知道有這種事。」

但你卻說：「我知道。」我知道在那種地方生活是怎麼回事。我就是我手足的守護者——我必須採取行動。

你給的答案比該隱好，亨利。因此我預期，上週你來到上帝面前，祂若問你：「你的手足在哪裡？」你會這麼回答。你說：「主啊，我的手足在吃我們教會廚房供應的盤中飧；我的手足睡在我們鋪在健身房地板的灰色墊子上；我的手足靠我們投入最後一分錢提供的暖氣，即使嚴寒的冬夜也很溫暖；我的手足從世界各地來修補祢聖堂裡的一個洞；現在我的手足正在向祢感恩，主啊，因爲祢賜給我們禮物。」

我預期上帝聽了會微笑，亨利，祂會說：「幹得好。」曾經有人告訴你，這地方對你而言太大了，但你也很大，各方面，塊頭大、夢想大、心胸寬大。也許你現在沒站在我們面前，但我們從前認識的你，仍然沒改變。眼睛看不見，但我們仍然感覺得到，深信不疑。一般人稱之爲信仰，是吧？謝謝你，可貴的朋友，教我明白這個字眼的意義。

榮耀，榮耀，哈利路亞，亨利。你已放下了重擔。

下回分解。

米奇

我坐在教堂裡，思念亨利，思念大法師，重讀這些字句，我猜，如果你有信仰，也會選擇用亨利一貫說再見的方式，亦即鐫刻在他棺材內側的那幾個字——「下回分解」——來結束每一個故事。

有兩個人把這世界改造成一個更好的地方。現在他們都去世了。亨利．柯文頓和奧勃特．路易斯今生無緣相見。但我相信他們會彌補這一點，到某個更好的所在，在上帝鍾愛的眼光下談天說笑，分享他們共通的一切。

且聽下回分解。

阿門。

米奇．艾爾邦二〇一一年一月於底特律

# 致謝

本書作者要感謝亨利·柯文頓與奧勃特·路易斯的家人：他們的妻子莎拉·路易斯與安娜特·柯文頓；感謝大法師的兒女：夏隆、歐拉、季拉；感謝亨利牧師的兒女：拉克瑪、肯迪克、吉霞、蒂芬妮。在書上閱讀自己丈夫或父親的故事殊非易事，我要深深感謝他們對本書內文的寬容。另外也要感謝其中幾位的配偶：辛蒂·路易斯、席蒙·黎普斯基、布萊安·賽茲。感謝大法師的多位孫兒孫女。

其他幾位使這本書得以完成的人士，包括安東尼·「卡斯」·卡斯洛、底特律基督教救濟協會的查德·奧迪博士、史蒂芬·林德曼拉比、蒂拉·辛格、艾迪·艾德曼、諾姆·蔡斯克、和平之家猶太會堂的全體員工、「手足守護會」的成員（其中有幾位的名字經過更動）、在塵封的書架上查尋資料的馬帝與麗莎·戈伯格夫婦，還有深愛外祖父的隆恩·黎普斯基，他拍攝的那些親情洋溢的影片是最佳證明。

我也要向Hyperion出版社永遠支持我的編輯們深致謝忱：包括Leslie Wells、Ellen Archer、

Will Balliett、Phil Rose、David Lott、Vincent Stanley、Kristin Kiser、Mindy Stockfield、Jessica Wiener、Marie Coolman、Maha Khalil、Sarah Rucker、SallyAnne McCartin及Michael Rotondo。

接著我照例要感謝表現優異的布萊克版權經紀公司（Black Inc.）的工作團隊：David、Susan、Antonella、Annik、Joy、Leigh Ann、Dave。也要感謝在初期幫忙看稿的親友，我的家人與好友，感謝Rosey——還有自始至終都值得感謝的Janine。

最後，我要向我過去沒有充分珍惜的第一個家，南澤西（South Jersey）地區致敬。也要向我現在所住的底特律致敬，我現在可能比其他人都更疼惜這兒。底特律是個特別的地方，這兒的人也很獨特，我以住在這個城市為榮。

米奇・艾爾邦寫於密西根州底特律市

# 譯註

1 這些都是出自舊約聖經的故事。《創世記》提到，亞當偷吃禁果後，覺得赤身露體羞於見人。神在伊甸園中行走，亞當和妻子聽見，就躲在樹後。《出埃及記》說，神的使者在燃燒的荊棘中向摩西顯現，要他去見法老王，把以色列人帶離埃及。但摩西擔心自己口才不好，一再推諉，最後耶和華只好同意他帶能言善道的哥哥亞倫同去。《約拿書》中，神要約拿到尼尼微去，警告作惡多端的居民，毀滅在即。約拿卻抗命逃走，他坐船遇到風浪，被丟進海裡，又被大魚吞食，直到他禱告悔改，大魚才把他吐到陸地上。

2 可蘭經記載，上帝創造亞當後，令手下精靈（天使）保護亞當，並向他行禮，但埃伯利斯（Iblis）拒絕。他被逐出天堂後，處處與人類為敵，於是又被稱做夏坦（Shaytan），意思是「敵人」。

3 猶太孩子滿十三足歲所舉行的儀式。行此儀式之後，就被視同成年人，必須遵守律法，為自己的行為負責，可以結婚，也可以擁有個人財產。此儀式很簡單，主要由當事人在諸如安息日禮拜之類的公開場合，朗讀一段《摩西五經》（*Torah*）或其他經典選文。富裕的家庭往往會在儀式後大宴賓客，以示慶祝。

4 以色列人出埃及後，在荒野中流浪，缺糧，上天降下食物給他們，這就是嗎哪。《出埃及記》第十六章對嗎哪有詳盡的描述，現代學者仍在考證這種食物究竟是什麼東西。

卡巴拉（**Kabbalah**）也譯作猶太神秘學或秘典，試圖解釋無限、永恆、不可知的創造者與其有限而不免一死的造物之間的關係，是研究希伯來聖經的基礎。

《約書亞記》第五、六章記載，以色列攻打耶利哥城，耶和華指示約書亞，一連六天，每天派所有士兵繞城一周；到了第七天，繞城七次，然後令祭司吹號角，眾人大聲呼喊，城牆就整個坍塌下來。

《塔木德》（*Talmud*）是記載與解釋猶太教律法、條例與傳統的經典，經過代代擴充，如今已超過兩百五十萬字。

古阿拉美語（Aramaic）是一種閃族語，紀元前十二世紀到紀元後十二世紀通行於小亞細亞和巴勒斯坦，是猶太人當時使用的日常語言。聖經有部分是用這種語言寫成。多位塔木德學者的著作也用這種語言書寫。

拉希（Rashi）是一位拉比Shlomo Yitzhaki的別號，活躍於十一世紀後半的法國，在他手裡完成了《塔木德》與希伯來聖經的第一套完整註釋。他的著作是現代猶太研究者必讀。

麥摩倪德斯（Moshe ben Maimon），活躍於十二世紀後半的西班牙，他研究《摩西五經》成績斐然，也是《塔木德》律法的權威。

5 大節期（High Holiday）指的是從猶太新年（Rosh Hashanah）到贖罪日（Yom Kippur）之間的十天。猶太新年在猶太曆七月的第一天，這使得大節期通常落在陽曆九月或十月。

6 新約聖經《路加福音》與《使徒行傳》記載，耶穌復活，繼續傳道四十日後升天。他吩咐門徒不要離開耶路撒冷，說是聖靈會降臨在他們身上，賦予他們能力。十天後，適逢猶太人的五旬節，門徒聚集在一處，忽然被聖靈充滿，一個個變得口才絕佳，而且精通各種外國語言，宣揚耶穌的事蹟。耶路撒冷的人十分訝異，有很多人感動信主。後來有基督教派據此舉行待靈儀式（tarry service），用塗油、禱告、吶喊、鞭打等方式，使參與者產生「聖靈充滿」的經驗。

7以利亞和微小聲音，見聖經《列王記上》十九章，以色列王亞哈行事忤逆耶和華，殺害神的先知，以利亞走投無路，躲在山洞裡，耶和華令他出來站在山上，然後從他面前行過。先是狂風大作，風後有地震，震後有大火，耶和華都沒有現身，最後卻化為一個微小的聲音，對以利亞說話。

巴蘭和驢子，見聖經《民數記》二十二章。以色列人離開埃及後，來到約旦河東岸。當地人害怕以色列人的聲勢，重金聘請巴蘭去詛咒他們，企圖把他們趕走。耶和華的使者在路上阻擋巴蘭，但只有巴蘭騎的驢子看見了使者，因而不聽指揮。巴蘭為此責打驢子。耶和華便讓驢子說話，告訴巴蘭實情，又使巴蘭眼目明亮，讓他看見耶和華的使者。

約伯和龍捲風，見聖經《約伯記》。約伯為人正直，敬畏上帝，不料天降橫禍，火災、風災、盜劫，使他失去所有家產、兒女死光，又長了一身毒瘡。人人都以為他做了壞事才得到這種報應。他對生命感到絕望，但耶和華在旋風中開導他。

8名為Conservative movement的這場運動，並不像字面上那麼保守。這項從十九世紀末展開的猶太教文化運動，以保存傳統為宗旨，主張兼容並蓄，尋求基本教義與全面現代化之間的中間路線。

9逾越節（Passover）是猶太人一年中最重要的節日，紀念猶太民族脫離埃及的奴隸生活，獲得拯救。在這一天要吃很多寓有象徵意義的食物，緬懷猶太人的歷史。

10住棚節（sukkah）是猶太人的重要節日，為紀念出埃及時期的流浪生活，大家一起布置棚屋，在棚裡歡宴。住棚節是猶太曆七月十五日，緊跟在猶太新年與贖罪節的大節期之後，節期持續七天。

11 美國法官摩爾（Roy Moore）當選了阿拉巴馬州首席法官後，於二〇〇一年把一塊鐫有十誡的大石碑放在司法大廈的門廳，聲稱「十誡是法律的道德基礎」。此舉激怒了主張政教分離的人士，對之提出違憲訴訟。二〇〇三年阿拉巴馬最高法院裁決，該碑必須遷往別處，但擁碑人士起而抗議。全案在美國引起關注。

12 卓普西大學（Dropsie College）是一所專門從事猶太文化研究的大學，一九九三年與賓州大學合併，改名為「進階猶太研究中心」（The Center for Advanced Judaic Studies）。

13 柯尼島（Coney Island）其實是個半島，十九世紀後半這兒興建了很多遊樂場、餐廳、旅館，提供紐約市民休閒娛樂，吸引很多遊客，但從第二次世界大戰後就逐漸沒落了。

14 即耶穌登山寶訓中提到的八種人：「虛心的人有福了，因為天國是他們的。哀痛的人有福了，因為他們必得安慰。溫柔的人有福了，因為他們必承受地土。飢渴慕義的人有福了，因為他們必得飽足。憐恤人的人有福了，因為他們必蒙憐恤。清心的人有福了，因為他們必得見神。使人和睦的人有福了，因為他們必稱為神的兒子。為義受逼迫的人有福了，因為天國是他們的。」

15 猶太人的光明節（Hanukah）節期長達八天，主要儀式是準備一個可以插八支蠟燭的燭台，每天點燃一支。這個節日落在陽曆十一、十二月之間，接近耶誕節，且也有贈送禮物給兒童的傳統。

16 斯摩基・羅賓森（Smokey Robinson）是底特律出生的美國靈魂與節奏藍調歌手，一九八〇年代曾因耽溺毒品導致事業走下坡，但他後來皈依宗教，戒了毒，重新振作，再創歌唱事業的高峰。

17安隆（Enron）為美國德州一家股票上市公司，是全球最大的能源與電訊公司之一，每年營業額逾一千億美元。但持續多年財報造假，二〇〇一年底宣告破產。艾米許（Amish）為北美洲基督教在洗禮派門諾會的信徒，他們不使用電力、汽車、現代科技產品，在嚴密的宗教組織之下，過著與世隔絕的生活，也不讓子女接受初中以上的教育。加州州議員康寧漢（Randall Harold Cunningham）因收賄兩百四十萬美元被起訴，與檢方達成認罪減刑協議，判刑八年四個月。

18賈弗利（Jeffries Projects）是美國國宅史上一個惡名昭彰的敗績。這批國宅一九五三年完工，十年後竟淪為販毒大本營，以犯罪率高著稱。一九七〇年代，此地因年久失修，空屋率高，警方掃蕩黑道分子槍戰頻傳，大部分房舍已在二〇〇一年拆除。

19維杜拉是印度史詩《摩訶婆羅達》中的角色。這部長詩描寫潘達閥（Pamdavas）兄弟與庫拉閥（Kaurawas）兄弟爭奪王位，引發一場驚天動地的大戰，天神與妖魔都來助戰。維杜拉也是國王之子，但因母親是女僕，沒有資格競爭王位，他睿智、溫和而理性，在旁提出很多發人省思的見解。

20猶太人的大節期，照例人人要反省過去一年的過失，悔罪並尋求救贖，所以大法師的講道內容與節日的精神其實是符合的。

21貝爾島（Belle Isle）是底特律河中的一座島，與市區以橋樑相通，島上有自然公園和多種運動與休閒設施，供市民從事休閒活動。

22英靈殿（Valhalla）是北歐神話中陣亡戰士的天堂。

23Phil McGraw是一位心理醫師，人稱「菲爾大夫」，因經常出現電視談話節目談論兩性關係和人際關係而成為名人。

24美國當代名人有兩位名叫Tony Bennett，一位是八十八高齡仍演唱不輟的老牌歌手，另一位是大專籃球聯盟的知名教練。

25參見《舊約．創世記》，該隱是亞當與夏娃的長子，亞伯是他弟弟。該隱務農而亞伯牧羊。獻祭時上帝看中亞伯奉獻的羔羊與羊脂，不中意該隱獻的農產品，該隱出於妒忌，就殺了亞伯。